MARK BOLTON

Ich träume von einem COTTAGE-GARTEN

VERLIEBT IN RITTERSPORN, PHLOX UND FINGERHUT

CALLWEY

INHALT

EINLEITUNG

Im Jahr 2021 zogen wir in ein – für uns – neues Haus im tiefsten Devon. Der älteste Gebäudepart ist zweihundert Jahre alt, der jüngste gerade mal hundert. Das Cottage liegt in einem kleinen und (sehr) lebendigen Dorf in einer landwirtschaftlich geprägten Gegend, und hat nicht im Entferntesten etwas Prachtvolles oder Kitschiges an sich. Das Innere ist schmucklos, aber wie bei allen Cottages dieser Art gibt es Balken und schiefe Wände, unebene Böden und lächerlich niedrige Türöffnungen – wovon die häufigen Beulen an meinem Kopf zeugen!
An der Rückseite des Hauses lagen die Überreste eines Cottage-Gartens, wobei das meiste davon nur eine große Rasenfläche war, umgeben von einem Beet mit wuchernden Sträuchern, einigen ziemlich mottenzerfressenen Rosen und einer Handvoll armseliger Bäume in den Ecken. Immerhin gab es einen ziemlich hässlichen, jedoch nützlichen Geräteschuppen, der eher wie ein Anderson-Luftschutzunterstand aussah, und einen prächtigen Weißdorn, bei dem ich sofort sehen konnte, dass er eine ganze Schar von Spatzen, Blaumeisen und Staren beherbergte.
Obwohl das Haus selbst eine Menge Arbeit erforderte, hatte ich das Gefühl, dass meine erste Aufgabe darin bestand, den Garten in Ordnung zu bringen. Die Wahrheit ist, dass es mich in den Fingern juckte, dort hinauszugehen und meine eigene Version des Paradieses zu schaffen.
Seit mehr als 25 Jahren bin ich Gartenfotograf, und der Gedanke, dass mein Garten zum Freiluftstudio werden könnte, war eine zu große Versuchung, um sie zu ignorieren. Ich habe alle Arten von Gärten fotografiert: große, kleine, moderne, altmodische und alles, was dazwischen liegt – aber es steht für mich außer Frage, dass Cottage-Gärten die fotogensten von allen sind. Üppige, wogende Beete mit auffälligen Elementen im Hintergrund, Beete voller selbstaussäender Pflanzen, die genau an der richtigen Stelle aufzutauchen scheinen (dazu später mehr!), und mit einem erfrischenden Mangel an Respekt davor, welche Farben zusammenpassen oder nicht. Ein idyllisches und stimmungsvolles Fleckchen Erde, das ich fotografieren könnte, wann immer ich will, und das mir stundenlanges Vergnügen bereiten würde. (Und mich auch noch fit hält!)
Ich muss jedoch betonen, dass ich nie eine Nachahmung eines Postkartengartens schaffen wollte; die Zeiten haben sich geändert, und viele Gärtner legen heute Cottage-Gärten mit einer modernen Note an, indem sie zum Beispiel Gräser verwenden, die im Spätsommer die Lücken füllen, und sogar Bereiche mit einer formaleren Gestaltung, wie etwa ein Parterre, einbauen. Ich möchte einen Garten, der auch im Herbst und Winter noch interessant ist. Die Bepflanzung soll zeitgemäß sein, aber gleichzeitig Respekt für die tiefen historischen Wurzeln des Cottage-Gartens ausdrücken.
Heutzutage halten die wenigsten von uns ein Schwein im Hinterhof, und viele von uns können es sich leisten, Pflanzen im nächsten Gartencenter zu kaufen; dennoch scheint in diesen unsicheren Zeiten der Rückzug aufs Land oder auch nur in den „Hinterhofgarten", um Beete zu bestellen, eigene Lebensmittel anzubauen oder einfach nur zu töpfern, sehr verlockend.
Das nächste Kapitel befasst sich mit der Geschichte des Cottage-Gartens und damit, wie sich im Laufe der Jahrhunderte ein Garten, der ursprünglich als eher unordentliche Mischung aus Blumen, Gemüse, Komposthaufen, Hühnern – und besagten Schweinen – angesehen

wurde, zu einem „Stil" entwickelte.
Als Fotograf wünsche ich mir einen Garten, den ich jeden Tag und zu jeder Jahreszeit aufsuchen kann. Ich möchte Ihnen zeigen, wie man Bepflanzungen anlegt, die aufeinander aufbauen und wie man vorausschauend plant, sodass man im Frühjahr Tulpen bekommt, gefolgt von Rosen im Sommer, Herbstfarben und Struktur und schließlich Schneeglöckchen im Winter. Ich werde versuchen, Ihnen viele Ratschläge für die Pflege und die saisonalen Aufgaben zu geben, Ihnen erzählen, was in meinem eigenen Garten im Laufe des Jahres geschieht, und Ihnen einige andere Gärten zeigen, die in meinen Augen inspirierend sind. Dabei muss ich betonen, dass ich kein professioneller Gärtner bin, sondern nur ein begeisterter Amateur, der sich seit Jahren als Fotograf mit Pflanzen und Gärten beschäftigt und in seinen eigenen Gärten viele Fehler gemacht, aber auch einige gute Entscheidungen getroffen hat. Ich werde auch einige Tipps geben, was Sie, je nach Saison, in Ihrem Garten fotografieren können und wie Sie Ihre Fähigkeiten verbessern. Vor allem aber hoffe ich, dass Sie sich von einigen der großartigen Gärten, die ich besuche, inspirieren lassen – und vielleicht auch ein wenig von meinen eigenen Bemühungen in Devon.
Lassen Sie uns also ohne weitere Umschweife einen Blick darauf werfen, wie das entstand, was wir heute als „traditionellen" Gartenstil bezeichnen, wie wir mit wenig Aufwand und ohne allzu große Kosten einen eigenen Garten anlegen können, und wie wir ihn zu einem Ort machen, an dem wir uns wohlfühlen, und – was vielleicht noch wichtiger ist –, an dem sich auch die Vögel, die Bienen und alle anderen Wildtiere gerne aufhalten.

Ein Blick aus Beth Tarlings Gewächshaus auf ihren wunderschönen sommerlichen Cottage-Garten

WAS IST EIN COTTAGE-GARTEN?

Was ist eigentlich ein Cottage-Garten? Historisch betrachtet taucht der Begriff in der Literatur zum ersten Mal um die Mitte des 18. Jahrhunderts auf. In den folgenden Jahrzehnten, als sich das Leben der ländlichen Bevölkerung allmählich besserte, entwickelte sich die Idee des romantischen „Cottage-Gartens“ sowohl zu einem „Stil“ als auch zu konkreten Lebensräumen.

Was früher ein Ort war, an dem einkommensschwache Arbeiter ihre eigenen Lebensmittel, Heilkräuter sowie Zierblumen anbauten, wurde schließlich zu einer Lifestyle-Entscheidung. Im Grunde genommen war und ist der Cottage-Garten jedoch immer noch „ein ganz eigenes, individuelles Reich“, nützlich und ertragreich, voller Blumen und Gemüse, ein Ort zum Töpfern und zum Entspannen. In der Regel handelt es sich um ein kleines Grundstück mit einem Durcheinander einfacher Pflanzen, die den Raum auf ungeplante Weise ausfüllen. Es gibt keine Regeln, keinen Prunk, und jeder kann so einen wilden, bescheidenen und genügsamen Garten gestalten. Da gibt es vielleicht wiederverwertete wie auch Vintage-Elemente, eine Mischung aus einfachen Blumen, manche ein-, andere mehrjährig, Gemüse, Kräuter, Kletterpflanzen und Wildblumen. Oft herrscht eine romantische Atmosphäre durch versteckte Ecken, einen gewundenen Pfad, einen Teich und rustikale Pflanzenstützen. Im Schuppen lagern gerettetes Saatgut, altes Werkzeug und ein Haufen Terrakottatöpfe. Der Cottage-Garten ist ein Zufluchtsort für die Tierwelt sowie für den Gärtner, ein Ort, an dem man dem Alltag entfliehen und sich die Hände schmutzig machen kann.

Schauen wir uns die Geschichte des Cottage-Gartens an. Im Mittelalter waren die Landarbeiter auf großen landwirtschaftlichen Gütern in einfachsten Hütten untergebracht, die über ein kleines Stück Land verfügten, wo diese „einfachen Leute“ eine Auswahl an Kräutern und Gemüse anbauten. Die Ernährung dieser Bauern war rudimentär, Fleisch war höchstwahrscheinlich unerschwinglich und wurde weitgehend durch eine kleine Auswahl an Gemüse ersetzt. In der elisabethanischen Zeit wurde das Angebot an Gemüse immer größer, und die Bauern begannen sogar, Blumen zu züchten, manchmal, um die Gerüche des täglichen Lebens zu überdecken, aber auch

nur zum Vergnügen. So wurden zum Beispiel Stockrosen und Bartnelken sehr beliebt. Im 18. Jahrhundert brachten Einwanderer, vor allem vom europäischen Festland, neue Pflanzenarten mit, darunter verschiedene Gemüsesorten neben einer größeren Auswahl an Blumen. Diese Einwanderer hatten Pflanzen gekreuzt, um ihre Form und Leistung zu verbessern, und so entstanden in immer mehr Orten, vor allem aber im Norden Englands, die ersten Ausstellungen von Blumen, Obst und Gemüse. „Blumengesellschaften" waren weit verbreitet, in denen Dorfbewohner um die beste Priemel, die bemerkenswerteste Rose oder das schönste Stiefmütterchen wetteiferten.

Ende des 18. Jahrhunderts gewann die „ländliche Idylle“ bei den romantischen Dichtern und Künstlern, die den zunehmend schmutzigen Städten entflohen, an Bedeutung. Wordsworth und Coleridge beispielsweise füllten ihre Cottage-Gärten mit Fingerhut und Butterblumen und begannen, mit ihren Nachbarn Samen auszutauschen; diesen Dichtern verdanken wir einen Großteil unserer „Cottage-Garten“-Tradition.

Mitte des 19. Jahrhunderts ließ William Morris, ein weiterer berühmter Künstler, das schmutzige industrielle Stadtleben hinter sich und zog sich aufs Land zurück. Er war Umweltschützer, Gärtner, Designer und Dichter – und ein Vorreiter der „Back to nature“-Bewegung. Seine Entwürfe sind auch heute noch beliebt, und der Garten des „Red House“, sein erster Garten auf dem Land, enthielt eine Reihe von kleinen, mit Kletterpflanzen und duftenden Blumen bepflanzten, Gartenzimmern. Mit anderen Worten, eine Reihe verbundener „Cottage-Gärten“.

Kommen wir zu William Robinson und Gertrude Jekyll, einem wirklich beeindruckenden Gärtnerpaar. Diese beiden haben mehr als je-

Linke Seite

Oben Bartnelke 'Sweet William' (*Dianthus barbatus*)

Unten Roter Fingerhut (*Digitalis purpurea*)

Beides Bowhay House

Rechte Seite

Die Gärten von Gravetye Manor: das prachtvoll gedeckte Gartenhaus, umgeben von wogenden Spätsommerbeeten im September

der andere die Idee des Cottage-Gartens begründet und modernisiert. Zu Beginn und in der Mitte des viktorianischen Zeitalters herrschte ein formaler Gartenstil vor, bei dem jedes Jahr Beete in knallbunten, gleichmäßig hohen Reihen angelegt wurden. Manchmal wurden diese großen Beete durch „Akzente" aus zarten und exotischen Pflanzen unterbrochen. Das ganze Spektakel erforderte eine Menge Arbeit (Bepflanzen in Reih und Glied, Entfernen welker Blüten und schließlich das vollständige Herausreißen im Herbst) sowie Gewächshäuser, um Blumen bereits vorzuziehen. William Robinson verabscheute diese Art des Gärtnerns und belebte zusammen mit Gertrude Jekyll die Idee des „Cottage-Gartens" wieder, dem kompletten Gegenstück zu den Beet-Gärten. William war im formalen Gartenbau ausgebildet worden, rebellierte jedoch schnell dagegen und revolutionierte in seinen Büchern und Zeitschriftenartikeln mit seinem brillanten, praktischen und enthusiastischen Eintreten für den „wilden Garten" die Gartenarbeit. Er liebte Wildpflanzen, Blumenzwiebeln, Kletterpflanzen und selbstaussäende einjährige Pflanzen und war der Meinung, dass Gärten die Natur und die natürliche Landschaft viel stärker widerspiegeln sollten. Der von ihm angelegte Garten in Gravetye Manor wurde – und ist auch heute noch – ein Mekka für Cottage-Gärtner. Robinson machte die Verwendung von Stauden, die einem Beet Struktur und Langlebigkeit verleihen sollten, wieder salonfähig. Außerdem erlaubte er selbstaussäenden einjährigen Pflanzen zu wachsen. Zudem setzte er Tausende von Blumenzwiebeln, darunter 100.000 Narzissen, die 1897 entlang eines der Seen in Gravetye gepflanzt wurden. Seine beiden wichtigsten Bücher, „*The Wild Garden*" und „*The English Flower Garden*", festigten seinen Ruf.

Der Garten von Gravetye Manor heute:

Oben links Engelwurz (*Angelica*) steht wie ein Wächter zwischen Frühlingstulpen

Oben rechts Der neue leitende Gärtner Tom Coward tritt in die Fußstapfen von William Robertson

Unten links Im von einer Steinmauer eingefassten Garten wachsen Gemüse, Blumen und Obst

Unten rechts Orient-Knöterich (*Persicaria orientalis*) hängt über der Dahlie 'Magenta Star' im Spätsommerbeet

1875 lernte er Gertrude Jekyll kennen, mit der er mehr als fünfzig Jahre lang eng befreundet und beruflich verbunden war. Er half ihr bei der Anlage ihres Gartens in Munstead Wood (ein Besuch lohnt sich), und sie lieferte viele Pflanzen für seinen Garten in Gravetye Manor. Robinsons Verdienst kann nicht hoch genug geschätzt werden. Seine zahlreichen (und leidenschaftlichen) Schriften, doch vor allem der Garten, den er in Gravetye angelegt hat, zeugen von seiner Stellung als Vater des modernen Cottage-Gartens. Der Garten wird heute von dem brillanten Tom Coward betreut, der ihn übernahm und modernisierte, indem er neue Pflanzen und modernere Sorten wie Salbei, Knöterich, Sonnenblume 'Lemon Queen', Dahlie 'Magenta Star' und Fackellilien anpflanzte. Er gestaltete auch den Gemüsegarten um (ein Großteil seiner Erzeugnisse wird im Restaurant des Gravetye Manor Hotel verwendet).

Gertrude Jekyll wurde zu einer der bekanntesten und hochgelobtesten Gartengestalterinnen ihrer Zeit. Abgesehen von den Hunderten von Gärten, die sie anlegte, schrieb sie auch etwa tausend Artikel für renommierte Zeitschriften. Sie war vor allem für die Farben bekannt, die sie in die Beete einwebte, für die harte Landschaftsgestaltung, mit der sie die Pflanzen zur Geltung brachte, und für die handwerkliche Arbeit, auf die sie großen Wert legte. Sie entwarf Gärten für das neue wohlhabende Bürgertum, basierend auf dem, was sie in ihrer Kindheit gesehen hatte: kleine strohgedeckte Häuschen mit Kletterpflanzen um die Tür herum und Beete voller blühender Pflanzen, darunter einjährige, zweijährige, Blumenzwiebeln und natürlich Rosen. Sie ordnete die Farben bewusst an und mischte vor allem Pflanzen mit unterschiedlichen Blütezeiten, um eine ununterbrochene Blüte vom Frühling bis in den Herbst zu gewährleisten.

Zu Beginn des zwanzigsten Jahrhunderts setzt sich die Geschichte des Cottage-Gartens auf East Lambrook Manor und mit seiner Besitzerin Margery Fish, einer weiteren beeindruckenden Pflanzenzüchterin, fort. In den späten 1930er Jahren zogen Margery und ihr Mann aus London in ein kleines Dorf in Somerset und machten sich daran, einen neuen Garten um ihr altes Herrenhaus anzulegen. Margery, damals noch eine Anfängerin, entwickelte sich zu einer der großen Gärtnerinnen des 20. Jahrhunderts, indem sie in ihrem Garten viele traditionelle Pflanzen aus Cottage-Gärten bewahrte sowie neue züchtete. Zahlreiche Pflanzen tragen ihren Namen oder den ihres Hauses (darunter Bartfaden (*Penstemon*) 'Margery Fish' und Wolfsmilch (*Euphorbia*) 'Lambrook Gold'). So ist die Gärtnerei in East Lambrook bekannt für ihre Vielfalt an beliebten Cottage-Garten-Pflanzen. Der Garten ist eine Ansammlung von kleinen „Zimmern", die durch einen Teppich aus dicht gepflanzten Stauden, mehrjährigen krautigen, sowie selbstaussäenden einjährigen Pflanzen zusammengehalten werden. Die Beete sind zudem mit Blumenzwiebeln bestückt, wodurch sich im Spätwinter und zeitigen Frühjahr ein besonders schöner Anblick mit Schneeglöckchen bietet.

Während und nach dem Zweiten Weltkrieg, als in Großbritannien eine neue Sparsamkeit einsetzte, erkannte Margery, dass die Gartenarbeit im privaten Bereich pflegeleichter sein musste. Sie hatte bereits festgestellt, dass eine gute winterharte Staude kaum Arbeit macht. So entstand ein informeller Cottage-Garten, in dem alte Klassiker mit einigen neuen, modernen Pflanzen kombiniert wurden. Gärten wie Hidcote und Sissinghurst waren bereits im Stil eines Cottage-Gartens

angelegt, doch Margerys Entwicklung unterschied sich durch die alltagspraktische Dimension. Die Besucher konnten leicht nachvollziehen, wie sie den Stil in ihren eigenen Gärten umsetzen könnten. Ein Besuch in Margerys Garten, der vom jetzigen Besitzer, Mike Werkmeister, weiterentwickelt wurde, ist im Frühsommer eine besondere Freude: Geranien, Stiefmütterchen, Salbei und Katzenminze säumen und überwuchern die krummen Wege, die sich durch die Beete schlängeln. Die Luft ist voll von Düften und dem Summen der Bienen. Obwohl Margerys Garten mit dem im 16. Jahrhundert erbauten Herrenhaus aus Hamstone, das die Sonne einfängt, und mit den wogenden Bepflanzungen als weicher Gegenspieler zu den beschnittenen Eiben, altmodisch anmutet, ist er doch ein wirklich moderner Garten. In der Gärtnerei herrscht reges Treiben, und das Teehaus ist voll von zufriedenen Gästen.

Bis heute ist der Cottage-Garten nach wie vor sehr beliebt, und die Unbeständigkeit der heutigen Zeit hat ihm neues Leben eingehaucht. Die Rückbesinnung auf die Natur, der Wunsch nach einem gemütlichen Zuhause und einem ertragreichen Garten sowie das Bedürfnis, den sozialen Medien und der Nachrichtenflut zu entfliehen, haben zu einem Wiederaufleben des Gärtnerns geführt. In den Garten zu gehen, die Erde zwischen den Händen und die Sonne auf dem Gesicht zu spüren, ist für uns alle von großem Nutzen, sowohl für die körperliche als auch für die geistige Gesundheit. Ich kann mir keine bessere Art und Weise vorstellen, den Tag zu beginnen oder zu beenden, als Samen zu pflanzen, ein Beet zu jäten oder welke Rosen abzuknipsen. Und dabei ist es unerheblich, ob Sie das in einem Cottage-Garten, in einem winzigen Hinterhof oder sogar auf einer Fensterbank machen. Probieren Sie es einfach mal aus.

Linke Seite

Beide Bilder East Lambrook Manor im Frühsommer: weiche Übergänge, schmeichelnde Bepflanzung und der Charme alter Steine

Rechte Seite

Oben Bowhay House: „Work in progress"

Unten East Lambrook Manor (einer der bedeutendsten Cottage-Gärten des 20. Jahrhunderts): Ein Meer aus Schneeglöckchen

Gravetye Manor: Ein im Cottage-Stil bepflanztes Hochsommerbeet mit Akeleien, Lupinen und Allium, die sich über einen gepflasterten Weg erstrecken

ERSTE SCHRITTE

Seit vielen Jahren fotografiere ich Gärten: schicke Stadtgärten, vornehme Landhausgärten mit tiefen „double borders", formale italienische Gärten mit Statuen an jeder Ecke und etwas exzentrische Gärten mit Gartenzwergsammlungen und aus wiederverwendeten Weinflaschen gestalteten Zierbauten.

Was ich jedoch wirklich gerne fotografiere und wofür ich mir immer Zeit nehmen werde, ist ein Cottage-Garten – wogende, farbenfrohe Beete voller Bienen und Düfte, durchsetzt mit Blickpunkten: Rosenbögen, Zäune, rustikale Haselnuss-Wigwams, mit Sommerfarben gefüllte alte Zinnwannen und natürlich ein ertragreiches Gemüsebeet neben einem unglaublich hübschen Geräteschuppen. Als ich kürzlich nach Devon in ein Cottage aus dem 19. Jahrhundert zog, hatte ich endlich die Gelegenheit, meine eigene Version zu kreieren. Also zeige ich in diesem Buch, wie selbst ein Hobbygärtner wie ich einen neuen Cottage-Garten anlegen kann, der es wert ist, viel Zeit darin zu verbringen und (in meinem Fall nicht ganz uneigennützig), ihn zu fotografieren – was mein Beruf, aber auch meine Leidenschaft ist!
Lassen Sie uns also beginnen. Zunächst einmal müssen wir uns den aktuellen Aufbau des Gartens ansehen und Pläne entwerfen.

DEN GARTEN EINSCHÄTZEN

Die erste Regel bei jedem neuen Gartenprojekt lautet: Abwarten und herausfinden, was man geerbt hat. Es wäre ein Fehler, voller Elan loszulegen und dann festzustellen, dass man eine neue Hortensie über die schlafenden Überreste einer Gruppe prächtiger Stockrosen gepflanzt hat!
Wenn das Grundstück also noch unbekannt ist, sollten Sie ein Jahr lang abwarten, um zu sehen, welche Zwiebeln im Frühjahr erscheinen und welche Stauden oder selbstausgesäten einjährigen Pflanzen im Sommer blühen. Auch wenn Sie gerne sofort beginnen möchten, können Sie sich mit etwas Geduld ein besseres Bild von Ihrem Garten machen und Pflanzen, die sich bewährt haben, behalten – Pflanzen sind nicht gerade billig, und der sparsame Cottage-Gärtner übernimmt vorhandene und verwendet sie weiter.
Beobachten Sie, wo die Sonne auf- und untergeht, und achten Sie auf die Stellen, wohin

Vorher

ihre Strahlen genau zur richtigen Zeit für den Morgenkaffee oder den abendlichen Drink fallen. Lokalisieren Sie die schattigen Bereiche und achten Sie darauf, wie die Schatten verlaufen. Einige Pflanzen bevorzugen direkte Sonne, andere schattige, kühle Standorte. Werfen Sie auch einen Blick auf die Begrenzungen: Steinmauern und rustikale Zäune sind typische Merkmale von Cottage-Gärten und eignen sich perfekt als Stütze für Kletterpflanzen und Kletterrosen – es gibt kaum etwas Schöneres als ein Geißblatt in voller Blüte, das sich an einer alten Steinmauer festhält. Überlegen Sie, welche Sträucher und Stauden Sie behalten wollen, und achten Sie darauf, wo die Blumenzwiebeln im Frühjahr erscheinen und beschriften Sie sie, denn – und ich spreche aus Erfahrung! – Sie werden sich niemals alle merken können. Um in einem Garten den Überblick zu behalten, kann ein Gärtner-Notizbuch nützlich sein, ebenso wie Fotos – Sie können sogar die Handykamera benutzen, um alles zu dokumentieren.

Denken Sie daran, dass ein Strauch oder eine Staude, die über ihren Platz hinausgewachsen ist, an anderer Stelle immer noch gut zur Geltung kommen kann – oder versuchen Sie einfach, sie zurückzuschneiden oder in Form zu bringen, anstatt sie zu entfernen.

Prüfen Sie Ihren Boden: Bodentest-Sets bekommt man sehr günstig und sie sind von unschätzbarem Wert, um festzustellen, ob der Boden sauer oder alkalisch ist. Gehen Sie auf alle Viere und nehmen Sie eine Handvoll der kostbaren Substanz – wie fühlt sie sich an? Sandig? Stark lehmhaltig? Im Idealfall ist der Boden recht neutral, aber falls nicht, gibt es Pflanzen, die gut in saurer oder alkalischer Erde gedeihen – man muss nur herausfinden, welche die richtigen für den eigenen Boden sind.

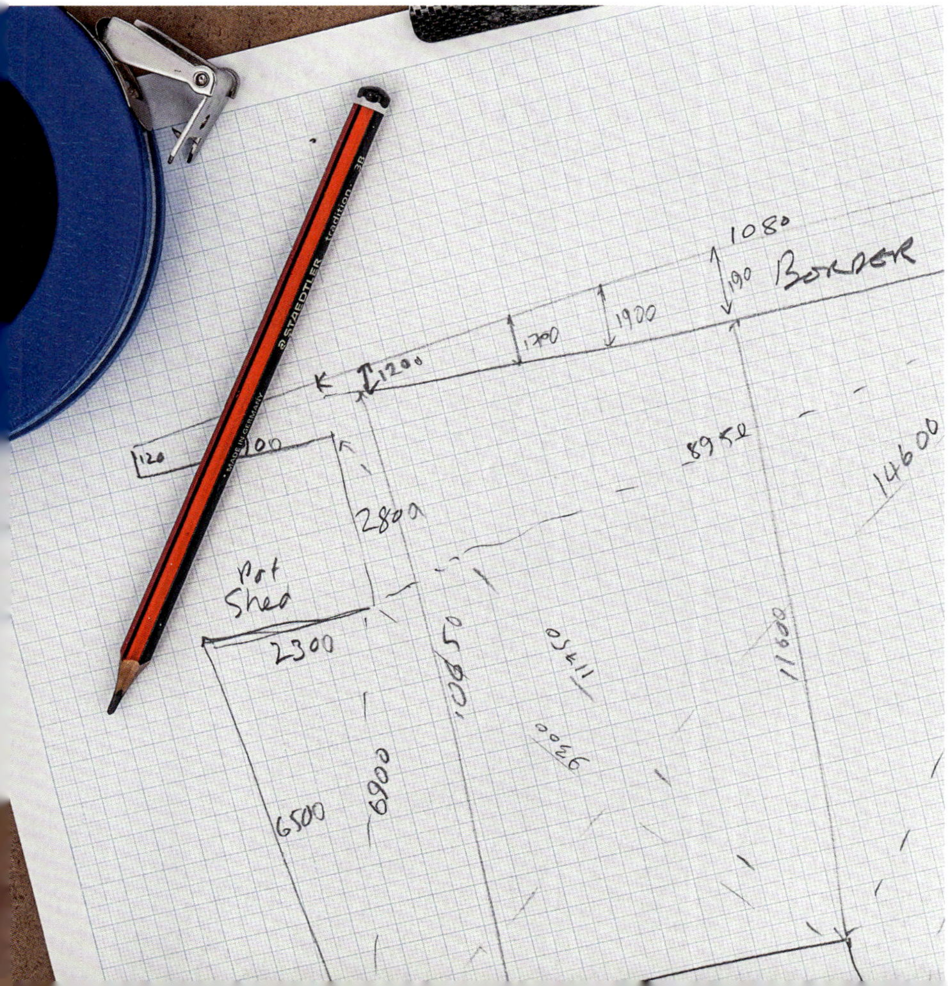

DEN GARTEN GESTALTEN

Natürlich wurde der ursprüngliche Cottage-Garten nicht wirklich im herkömmlichen Sinne „angelegt"; er entwickelte sich aus dem Bedürfnis nach einem nutzbringenden Garten, und Pflanzen wurden so ziemlich überall eingesetzt, wo Platz war.

Im 19. Jahrhundert nahmen zwei große Gärtner, William Robinson und Gertrude Jekyll, die Idee des Cottage-Gartens auf und entwickelten sie zu einem besonderen und erkennbaren Gartenstil mit eigenen (allerdings nicht so starren) Anforderungen. Um diesen Stil in Ihrem eigenen Garten zu verwirklichen, ist ein gewisses Maß an Planungsarbeit sehr empfehlenswert.

Nachdem Sie geduldig herausgefunden haben, wie Ihr Garten funktioniert und was bereits vorhanden ist, können Sie darüber nachdenken, wie Sie ihm Ihren ganz eigenen Stempel aufdrücken. Sammeln Sie Ideen und machen Sie grobe Pläne. Studieren Sie Bücher und Zeitschriften, durchforsten Sie Pinterest und Instagram, sehen Sie sich Fernsehsendungen an (ja, sogar diese halbstündigen Nachmittagsprogramme, in denen behauptet wird, man könne einen Garten in zwei Tagen komplett umgestalten!) und besuchen Sie idealerweise einige öffentliche Gärten zur Inspiration.

Zeichnen Sie Ihren Garten auf: Übertragen Sie alles, was bereits vorhanden ist, auf ein Blatt Papier und lassen Sie dabei alles stehen, was Sie behalten wollen, – wie den Schuppen, die Terrasse, wichtige Bäume und Sträucher, Zäune, Tore und Wege – und fügen Sie dann alle neuen Dinge hinzu, die Sie gerne einbauen möchten. Natürlich ist das leicht gesagt: „Zeichnen Sie Ihren Garten auf", aber ich fand diesen Teil tatsächlich unglaublich schwierig! Vielleicht haben Sie eine Vorstellung von der Form des Gartens in Ihrem Kopf – zum Beispiel quadratisch oder

Linke Seite

Beim Entwerfen eines neuen Cottage-Gartens spart vorausschauende Planung Zeit und vermeidet auf lange Sicht Fehler.

Rechte Seite

Sorgfältige Positionierung einiger Pflanzen, die dem neuen Beet Struktur verleihen sollen

lang und schmal – aber das kann überraschend irreführend sein. Nachdem ich ein paar Tage lang über einem Stück Millimeterpapier gebrütet hatte, griff ich schließlich auf Google Maps zurück und stellte fest, dass ich für einen quadratischen Garten gehalten habe, was in Wirklichkeit ein Rechteck war! Nachdem ich nachgemessen hatte (mit Hilfe von Schnüren und Bambusstöcken, die ich an wichtigen Stellen in den Boden gesteckt hatte), zeichnete ich schließlich eine maßstabsgetreue Karte des Gartens auf ein DIN A3-Papier. Ich stellte fest, dass ich durch die Arbeit mit einem Block Pauspapier den Entwurf immer wieder überarbeiten und neu zeichnen konnte. Sobald Sie einen Entwurf haben, sollten Sie ihn immer wieder betrachten und gegebenenfalls überarbeiten, dabei jedoch an der Grundidee, die Sie auf dem Papier skizziert haben, festhalten.

DEN GARTEN ANLEGEN

Wenn es darum geht, Ihren sorgfältig gezeichneten Plan in die Tat umzusetzen, ist der erste Schritt die Landschaftsgestaltung – alle Wege, die Sie anlegen möchten, neue Begrenzungen, Terrassen oder das nützlichste aller Dinge, das Gartenhäuschen. Berücksichtigen Sie auch die Flächen, die Sie für Kompostbehälter, Werkzeuglager und so weiter benötigen.

Mein Garten ist einfach gestaltet und besteht aus einem X-förmigen Wegesystem mit neuen Beeten, die innerhalb der Dreiecke angelegt wurden. Die ursprünglichen Beete, die ich beibehalten habe, befinden sich an drei

Schon im ersten Jahr kann man mit selbst gezogenen Pflanzen eine herrliche Farbenpracht erzielen. Im Garten von Bowhay haben wir uns bereits an vielen Pflanzen erfreut, darunter ...

Oben links Narzisse 'Fasanenauge'

Oben rechts Wald-Scheinmohn

Unten links Schlafmohn

Unten rechts Dahlie 'Park Record'

Seiten einer zentralen Rasenfläche, die ich verkleinert habe, um mehr Platz für Pflanzungen zu haben. Die Wege erfüllen einen Zweck: Sie führen von einem Teil des Gartens zu einem anderen – in meinem Fall diagonal vom Geräteschuppen zum Komposthaufen und auf der anderen Achse von der Hintertür zu einer sonnigen Ecke, die immer die letzten Sonnenstrahlen des Tages einfängt. Die neuen zentralen Beete sind mit behandeltem Holz und auf einer Seite mit einem Flechtzaun aus Weide eingefasst. Ein praktischer Weg hat die Breite einer Schubkarre, aber ein legerer und unbestimmter Weg kann durchaus nur aus einer Reihe von Trittsteinen bestehen. Wichtig ist zu bedenken, wohin der Weg führt und wie stark er genutzt wird. Ich habe mich für Graswege entschieden, die sich zwar bei nassem Wetter schnell abnutzen können, jedoch mit ihren blühenden Gänseblümchen und dem Klee – den sowohl ich als auch die Bienen lieben – einen traditionellen Cottage-Stil vermitteln.

Auf einem weiteren, viel genutzten Grasweg an der Hausrückseite habe ich einige alte Pflastersteine aus Schiefer als Trittsteine wiederverwendet, um die Grasnarbe zu schützen. Ein Weg kann auch den Blick lenken, was ich hier mit zwei Metallbögen unterstütze, die mit Rosen bepflanzt sind. Ein klassischer Look – und kaum etwas ist fotogener als ein Rosenbogen in einem Cottage-Garten. Auch Gefäße, Vogeltränken, Wasserspiele oder Gartenmöbel sollten Sie wohlüberlegt einsetzen. Ein Cottage-Gärtner hat sich traditionell mit dem Nötigsten begnügt, und so findet man viele wiederverwendete Küchentöpfe, löchrige Gießkannen und alte Blechwannen, die als Pflanzgefäße dienen.

Meine Terrasse habe ich aus recycelten Ziegeln gebaut, die ich aus dem abgebrochenen Schornstein eines Freundes gerettet habe, und dieser Ort ist perfekt, um am Ende eines Sommerabends mit Freunden und Nachbarn etwas zu trinken. Dort steht jetzt auch ein junger Blauregen, der hoffentlich die sonnige Lage genießen wird.

Was die erforderlichen Geräte angeht, glaube ich, dass eine gute Auswahl von Handwerkzeugen wirklich alles ist, was man braucht. Obwohl ich eine elektrische Heckenschere besitze, greife ich immer wieder gerne zu meiner Gartenschere. Ich habe einen gut erhaltenen Spaten aus rostfreiem Stahl für nur 5 Pfund bei der örtlichen Mülldeponie gekauft, doch ein Satz hochwertiger Handwerkzeuge (kaufen Sie die besten, die Sie bekommen können) wird lange halten. Meine Gartenschere mit rotem Griff ist perfekt, und dank YouTube kann ich sie selbst schärfen. So langweilig es auch klingen mag – die Zeit, die man mit dem Reinigen, Schärfen und Ölen der Werkzeuge verbringt, ist gut investiert.

DEN GARTEN BEPFLANZEN

Jetzt kommt das Beste – die Pflanzen. Sie haben geschmökert, überlegt, geträumt und geplant. Sie haben die Wege und Beete angelegt und einen perfekten Platz für die Gartenbank gefunden. Nun ist es an der Zeit, den Garten mit den Stars der Show zu beleben. Ein gelungener Cottage-Garten erreicht wahrscheinlich im Hochsommer seinen Höhepunkt, aber sollten Sie jemals eines der großartigen Beispiele wie Gravetye Manor in Sussex oder East Lambrook in Somerset besuchen können, werden Sie sehen, dass solch ein Garten das ganze Jahr über ein Erlebnis sein kann.

Um einen Garten zu schaffen, der zu jeder Jahreszeit schön aussieht, sollte man die Aussaat versetzt handhaben, sodass der Platz einer verblühten Pflanze nahtlos von einer anderen eingenommen wird. Auf die Tulpen folgt zum Beispiel der giftgrüne Frauenman-

Hier gibt es keine harten Kanten. Die üppige, unterschiedlich hohe Bepflanzung dieses Cottage-Gartens wirkt einladend.

tel, der wiederum von stattlichem Zierlauch überragt wird. Mit dem Wechsel vom Spätsommer zum Frühherbst bringen dann die sternförmigen Blüten von Astern, Sonnenbraut und Dahlien willkommene Farbe und Form ins Spiel.

Da die ursprünglichen Cottage-Gärten nicht wirklich geplant waren, darf die Bepflanzung gelegentlich etwas willkürlich erscheinen, aber jeder Gärtner weiß, dass die Ausbreitung von selbstaussäenden Pflanzen möglicherweise „gelenkt" werden und dass eine Art Struktur vorhanden sein sollte, bevor die Pflanzen außer Kontrolle geraten. Ein Rahmen aus Sträuchern und mehrjährigen Stauden sorgt für eine solche Struktur, während die einjährigen und selbstaussäenden Pflanzen die Lücken füllen können. Mein eigener Garten ist zwar klein, aber er bietet Platz für ein paar Rosen und Hortensien – und während ich dies schreibe, blicke ich auf einen kleinen Zierapfelbaum, der irgendwann groß sein wird. Im Laufe der Jahre werden Stauden wie Phlox, Mauerpfeffer, Geranien und Sterndolden immer üppiger werden und eine weitere Dimension hinzufügen. Solche Stauden können in der Regel alle paar Jahre geteilt werden, um weitere Pflanzen zu erhalten oder solche zu ersetzen, die ihren Glanz verloren haben. Lückenfüllende ein- und zweijährige Pflanzen können jedes Jahr neu gepflanzt werden und lassen sich im Frühjahr leicht aus eigenen Samen ziehen. Zum Glück habe ich einen kleinen Geräteschuppen mit viel Licht, und so fülle ich immer Dutzende von Saatschalen oder recycelten Plastikbehältern.

Darunter befinden sich die Blumenzwiebeln, die im Frühjahr aus dem Boden sprießen und das Ende des Winters ankündigen, während die sommer- oder herbstblühenden Zwiebeln unter der Erdoberfläche selbst den aufmerk-

Oben Eine selbstausgesäte Engelwurz durfte zwischen den Lupinen stehen bleiben und sorgt im Beet für Spannung.

Rechts London: Dieser kleine Cottage-Garten zeigt, was man aus einer urbanen Fläche herausholen kann.

samsten Gärtner überraschen, indem sie plötzlich wie aus dem Nichts auftauchen – Zierlauch, Lilien, Nerinen/Guernseylilien und Kamelien sorgen für zum Teil himmlisch duftende Farbexplosionen. Diese Blumenzwiebeln müssen unbedingt gepflanzt werden, wenn der Garten noch in den Kinderschuhen steckt, damit die Blütentriebe die vorhandenen Stauden umspielen oder sich zwischen die selbstausgesäten einjährigen Pflanzen schmiegen.

Die ursprünglichen Cottage-Gärtner waren ein großzügiger Menschenschlag, die Pflanzen wurden getauscht, verschenkt oder aus gerettetem Saatgut gezogen. Später in diesem Buch zeige ich Ihnen, wie Sie Samen aufbewahren und aussäen können. Sparsames Cottage-Gärtnern kann Spaß machen, und es gibt nichts Schöneres, als eine Reihe von ein- oder mehrjährigen Setzlingen einzupflanzen, die man aus Samen gezogen hat, vor allem, wenn sie ein Geschenk von einem Gärtnerfreund waren. Früher wuchsen in den meisten Gärten gewöhnliche Gartenpflanzen und nicht die ausgefallenen Züchtungen, die man heute in den örtlichen Gartencentern kaufen kann.

Wenn man möchte, dass es im eigenen Garten zu jeder Jahreszeit etwas zu sehen, zu genießen und vielleicht zu fotografieren gibt,

Gravetye Manor: Unter dem Baum und entlang der Mauer blühen im Frühling Wiesen-Kerbel, Wald-Scheinmohn und Tulpen.

dann muss man die Gartenarbeit entsprechend planen. Als ich meinen eigenen Garten anlegte, kümmerte ich mich im Herbst um das Anlegen neuer Beete, das Mulchen von Rosen und den Kauf von Blumenzwiebeln für das nächste Frühjahr (man kann übrigens nie zu viele Zwiebeln bestellen, also im Zweifelsfall und wenn es die Finanzen erlauben, die Menge verdoppeln).

Ich behielt die ursprünglichen Beete meines Gartens bei, die einige alte Stauden enthielten: Rosen, Phlox, Salbei und Wolfsmilch. Also teilte und vermehrte ich sie zusammen mit den Stauden, die ich aus meinem früheren Garten (an der Küste) mitgebracht hatte. Neben den Steckling einer Honigwolfsmilch, die ich liebevoll aus einem winzigen Pflänzchen gezüchtet hatte, baute ich Weidenbegrenzungen für eines meiner neuen wellenförmigen Beete. Während der Winter voranschritt, dachte ich bereits sehnsüchtig an den Sommer – pflanzte Blumenzwiebeln und errichtete Bögen, schnitt Haselnusszweige für eine Pflanzenstütze, die im Frühjahr gebaut werden sollte – ich plante stets voraus und freute mich an dem, was kommen würde.

Wir werden noch viel mehr über den Bau von Beeten und die Gestaltung von Cottage-Gärten sprechen, aber erst noch ein letzter Gedanke zu Pflanzen. Pflanzen reagieren auf ihre Umgebung und gedeihen nur dann, wenn sie die richtige Menge an Licht und Nährstoffen erhalten und sich in ihrer Umgebung wohlfühlen. Beth Chatto, eine der großen Gärtnerinnen, sagte immer, dass man die „richtige Pflanze am richtigen Ort" braucht. Man kann keinen sonnenliebenden Lavendel in einem schattigen Moorgarten kultivieren. Informieren Sie sich also über alle bereits vorhandenen Pflanzen, sowie alle, die Sie setzen wollen. Werden sie sich in Ihrem Garten wohlfühlen? Eine Pflanze, die sich zufrieden selbst aussät, ist ein Paradebeispiel für „die richtige Pflanze am richtigen Ort", die gedeiht, weil der Standort zu ihr passt. Ich werde versuchen, Ihnen dabei zu helfen, -zwischen verschiedenen Setzlingen zu unterscheiden: welche Sie behalten sollten – vielleicht an einer anderen Stelle des Beetes –, und welche Sie womöglich loswerden sollten – ich denke da zum Beispiel an die Ackerwinde. Die Selbstaussaat ist ein wahres Geschenk, denn sie beschert Ihnen völlig kostenlos neue Pflanzen. Ich habe so viel Eisenkraut (*Verbena bonariensis*), dass ich gar nicht weiß, wohin damit, und obwohl es ein fabelhafter Spätsommerblüher ist, entferne ich rigoros alle Pflanzen, die an der falschen Stelle wachsen. Diese können umgesiedelt oder einfach kompostiert werden (ein weiteres wichtiges Thema, auf das ich später eingehen werde).

DEN GARTEN WACHSEN LASSEN

Wir haben also unseren Garten bepflanzt und können uns jetzt entspannt zurücklehnen und ihm beim Wachsen zusehen – richtig? Nicht im Geringsten: Wir haben gerade erst angefangen. Wenn es Ihnen wie mir geht, werden Sie wahrscheinlich mehr als einen Fehler gemacht haben, und im zweiten Jahr offenbaren sich diese Fehler. Vielleicht haben Sie bei irgendetwas Ihre Meinung zur Farbe geändert oder festgestellt, dass eine Pflanze viel größer geworden ist, als Sie dachten. Beobachten Sie daher im Laufe der Jahreszeiten genau, was benötigt wird, und erstellen Sie eine Liste. Nachdem ich im ersten Jahr ein paar Einkäufe getätigt hatte, beschloss ich, im zweiten Jahr so viel wie möglich zu vermehren oder zu tauschen. Ich kaufte ein ausgezeichnetes Buch über Vermehrung, zog massenhaft Stecklinge, teilte Stauden und sammelte so viel Saatgut, wie ich nur konnte. Ich stockte meinen Pflanzenbestand auf, und nachdem ich mir das Aussehen der verschie-

denen Setzlinge im Garten genau angeschaut hatte, stellte ich fest, dass ich bestimmte Pflanzen beibehalten sollte, die sich nun zu einem gesunden Bestand an Fingerhüten, Königskerzen (*Verbascum*) und Mohnblumen entwickelt haben.

Aufgrund meines Berufs besuche ich viele schöne Gärten, und ich habe es mir zur Aufgabe gemacht, so viele Fragen zu stellen und so viel von den Experten zu lernen wie nur möglich. Besuchen Sie andere Gärten. Gärtner sind ein nettes Völkchen und geben gerne hilfreiche Ratschläge, ohne etwas dafür zu verlangen.

Ziehen wir also unsere Gummistiefel an, schnappen uns die Gartenschere und den Eimer fürs Unkraut und machen uns an die Arbeit! Mit diesem Buch hoffe ich, Sie zu begeistern und Ihnen zu zeigen, wie Sie beginnen und die Grundlagen erlernen können. Ich stelle Ihnen einige inspirierende Cottage-Gärten vor und zeige Ihnen, warum sie erfolgreich sind, und vor allem, wie Sie ganz einfach und ziemlich schnell Ihr eigenes Gartenparadies erschaffen können – ganz gleich, wie groß oder klein Ihr Grundstück ist. Außerdem verrate ich Ihnen als professioneller Gartenfotograf einige Tipps, wie Sie die Ergebnisse Ihrer Arbeit fotografieren können!

Eine Luftaufnahme vom ersten Sommer zeigt die Form meiner neu angelegten Beete in der Gartenmitte.

1

FRÜHLING im Cottage-Garten

Bowhay House – der Frühling in voller Blüte: Ringelblumen (*Calendula*), Tulpen und Vergissmeinnicht stehen im Mittelpunkt.

BOWHAY HOUSE –

Eine Momentaufnahme des Frühlings

Während ich hier im Cottage sitze und diese Zeilen schreibe, fühlt es sich endlich nach Frühling an. Der giftgrüne Pferdeeppich (*Smyrnium olusatrum*) sprießt gerade auf dem Weg vor dem Haus – dieses Jahr etwas später als sonst, vielleicht wegen des kalten und ziemlich feuchten Jahresbeginns.

Auf der Mauer, welche die Schafe auf der Weide darüber davon abhält, in die Gasse zu fallen, schauen die grünen Triebe der Roten Spornblume (*Centranthus ruber*) unter der braunen Krone alter Stängel hervor. Ich frage mich, wie viele Jahre diese Mauer schon so aussieht; die nabelartigen Blätter des Pfennigkrauts füllen die Lücken zwischen den Steinen, so wie sie es immer getan haben, und der Pferdeeppich säumt den Boden, der später im Jahr von einem anderen Doldenblütler, dem Bärenklau (*Heraclium sphondylium*), abgelöst wird. Die Straße war früher ein unebener Feldweg, der von Pferden und Fuhrwerken benutzt wurde – in der örtlichen Kneipe hängt ein alter Schwarzweißdruck mit dem Titel „Das erste Auto im Dorf!" Heutzutage parken Autos rund um den Dorfanger, und im Sommer ist das Feld voller Camper.

Im Garten hinter dem Haus wächst ebenfalls neues Grün, und Narzissen und Tulpen haben sich ihren Weg durch den kalten Boden gebahnt. Am Himmel über den Feldern höre ich die Feldlerchen und wie immer warte ich gespannt auf die Ankunft der Schwalben und „unserer" Mehlschwalben. Normalerweise sind sie schon in der ersten Aprilwoche hier. Die beiden Engelwurzen (*Angelica archangelica*), die ich letztes Jahr gesetzt habe, sind dieses Frühjahr kräftig ausgetrieben. Solche zweijährigen Pflanzen bilden im zweiten Jahr Blütendolden aus, und ich mache mir Sorgen, dass sie viel zu groß werden. Wie ein Kuckuckspaar wirken sie eher unbeholfen. Aber im Sommer und im Herbst, wenn die großen Blütenköpfe erscheinen und Insekten anlocken, kommen sie richtig zur Geltung. Die alten Gärtner schworen auf den medizinischen Nutzen der Engelwurz zur Behandlung aller möglichen Beschwerden, von Rheuma bis Epilepsie. Auch in der Küche fand sie Verwendung, vor allem als süßer Ersatz für Rhabarber oder kandiert als Kuchen-

dekoration. (Kleine Kinder benutzten die hohlen Stängel als Erbsenschleudern!)
Alle Rosen haben ein gesundes neues Blattwerk, der Schnitt, den ich ihnen im Spätherbst verpasst habe, scheint sie also zu beleben. Ich hoffe, dass die Kletterrosen, die ich letztes Jahr an meine neuen Metallbögen gesetzt habe, dieses Jahr tatsächlich ein bisschen klettern werden! Erst im letzten Frühjahr habe ich sie als wurzelnackte Rosen gepflanzt, und deshalb nicht wirklich zurückgeschnitten, sondern eigentlich nur einige der langen Triebe angebunden, damit sie eine gewisse Struktur bekommen. Es wäre schön, wenn sie dieses Jahr ordentlich wachsen würden, denn letztes Jahr musste ich einige Erbsen pflanzen, damit der Bogen nicht so nackt aussah. Unter den Rosen, und eigentlich überall in meinem Garten, wachsen Vergissmeinnicht (*Myosotis sylvatica*).
Saphirblaue Blütenbüschel tauchen überall auf – wie so viele andere Cottage-Gartenblumen säht sich auch das Vergissmeinnicht hervorragend selbst aus und lässt sich leicht vermehren. Graben Sie einfach neue Keimlinge aus und pflanzen Sie sie an anderer Stelle wieder ein; sie sind wirklich kaum totzukriegen, und im zeitigen Frühjahr werden Sie froh sein, sie zu haben. Sie passen gut zu Tulpen und anderen Zwiebeln und scheinen ein Beet zusammenzuhalten. Apropos Selbstaussaat: Ich habe eine weitere Pflanze entdeckt, die wirklich überall auftaucht. Das Behaarte Schaumkraut (*Cardamine hirsuta*) ist eine

Linke Seite

Links Schafe auf der Weide oberhalb des Wegs

Rechts Rote Spornblume wächst aus der Steinmauer gegenüber unseres Hauses

Rechte Seite

Links Borretsch, versteckt zwischen Vergissmeinnicht

Rechts Eine Engelwurz strebt himmelwärts

Wildpflanze aus der gleichen Familie wie Senf. In der Nähe des Schuppens wachsen einige Grüppchen davon und ich mag sein Aussehen, leider kann es jedoch auch ein wenig lästig sein. Die Pflanzen sind Saftdruckstreuer und verbreiten ihre Samen dadurch sehr weit. Überflüssige Keimlinge bekämpft man am besten durch Jäten oder Aushacken. Wir verwenden keine chemischen Mittel, das „Unkraut" wird von Hand bekämpft. Das Behaarte Schaumkraut ist eine Nahrungsquelle für eine Reihe von Schmetterlingen und Schwebfliegen, wenn man also ein paar davon in der Erde lässt, tut man der Natur einen Gefallen. Meine sehen zwischen den Pflastersteinen sehr schön aus, aber ich behalte sie im Auge! Der Frauenmantel (*Alchemilla mollis*), eine weitere klassische Gartenpflanze, lugt ebenfalls zwischen den Pflastersteinen hervor, und seine Blätter, die in jungen Jahren leicht schalenförmig sind, halten Regentropfen oder den Morgentau fest.

Die Sonne, die ab und zu hinter den Wolken hervorkommt, fühlt sich jetzt langsam etwas wärmer an und bringt alle Setzlinge im Garten und Schuppen zum Wachsen, bis ihre Schalen verheißungsvoll überquellen. Im Wintergarten sieht es aus wie auf einem Parkplatz (ein etwas irreführender Ausdruck, denn im Moment ist es eine Plastiklaube!), und es wird viel herumgeräumt, um Platz für neue Schalen mit Kosmos, Sonnenblumen, Tithonie und Tomaten zu schaffen. Meine fünfzehn 'Tigerella'-Tomaten, die jetzt

Links oben Regentropfen auf Frauenmantel

Rechts oben Behaartes Schaumkraut und ein junger Borretsch

Links unten Keimlinge der Türkischen Nelke (*Tagetes*) 'Cinnabar'

Rechts unten Keimlinge der Tomate 'Tigerella'

7,5 cm hoch sind, stehen neben einer kleinen Gruppe von Chrysanthemen-Stecklingen. Ich habe sie aus einer schönen Pflanze gezogen, die meine Freundin Beth Tarling mir geschenkt hat. Der Gruppe von Prunkwinden-Setzlingen geht es recht gut, allerdings fiel mir auf, dass sie jedes Mal, wenn die Hintertür geöffnet wird, zu welken scheinen. Ich fand heraus, dass sie ziemlich anfällig für Zugluft sind (was in dem Plastikverschlag sehr oft vorkommt!). Außerdem stehen da gerade Schalen mit türkischer Nelke 'Cinnabar' mit einer vielversprechenden zweiten Reihe filigraner Blütenblätter. Das gebrannte Umbra der Blüten im Hochsommer gehört zu meinen Lieblingsfarben im Cottage-Garten.
Heute ist Karfreitag, der in diesem Jahr besonders früh liegt, und so bin ich schon sehr zeitig im Garten. Durch das kürzliche (erste) Mähen des Jahres bekamen die Graswege eine scharfe Kante, die das üppige Grün der Beete im Moment noch unterstreicht. Viel Rasen habe ich nicht, aber die Wege bestehen aus Gras, und ich habe beschlossen, dieses Jahr nur wenig zu mähen, um die Wildblumen zu fördern und infolgedessen die davon profitierenden Insekten. Also werde ich diesen Sommer in einigen Ecken nicht mähen.
Soeben habe ich die ersten Knospen des Klatschmohns (*Papaver cambricum*) entdeckt, die unter dem mit feinen Härchen bedeckten Blattwerk hängen. Der Borretsch (*Borago officinalis*) hat ebenfalls Knospen, die blauen Blütenrispen bereit, in die Höhe zu schnellen und Bienen anzulocken. Seine Blüten sind von ungewöhnlich intensivem Blau und werden aufgrund ihres zarten Gurkendufts in Salaten und Getränken verwendet. Im Moment ist die schiere Vielfalt des Blätterwerks in den Beeten eine Freude. Ein einziger hochgewachsener Stängel Akelei (*Aquilegia vulgaris*) ragt in den Himmel, umgeben von einem Teppich aus Blättern, die merkwürdigerweise dem Kreuz eines Kartenspiels ähneln. Vor einem Monat war ich noch besorgt über den offensichtlichen Mangel an dieser Pflanze, aber sie scheinen alle auf einmal gekommen zu sein. Es ist bemerkenswert, wie eine scheinbare Temperaturveränderung der Luft oder vielleicht ein paar zusätzliche Regetropfen einer Pflanze einen Schub versetzen.
Die Stockrosen (*Alcea rosea*), die ich letztes Jahr gepflanzt habe, treiben neue Blätter aus und sind im Moment nicht vom im Garten vorkommenden Stockrosenrost betroffen. Gegen diese Pilzkrankheit kann man nur wenig tun, außer die befallenen Blätter zu entfernen und der Pflanze viel Luft zu verschaffen. Beseitigen Sie alle Ablagerungen rund um die Pflanze und geben Sie vielleicht schon früh in der Saison eine Schicht Mulch darauf, um den Pilz im Sommer in Schach zu halten. Die Anstrengung lohnt sich bei diesen majestätischen Pflanzen. Wenn man sie erfolgreich kultiviert hat, gibt es kaum etwas Aufregenderes, als den Anblick einer 3 Meter hohen Stockrose in voller Blüte.
Unter dem Kirschbaum erscheinen, dank des faszinierenden 'Jack by the Hedge' (*Alliaria petiolata*), Hunderte von Keimlingen. Hierbei handelt es sich um eine wunderbare, recht hohe Pflanze mit einer einfachen weißen Blüte, die deutlich nach Knoblauch riecht (sie ist auch als Knoblauchsrauke bekannt) und deren frische Blätter sich hervorragend für Saucen und Salate eignen. Allerdings wuchert sie ziemlich. Im hinteren Teil des schattigen Beetes, am Fuße der Steinmauer, mag ich sie gerne, aber überall möchte ich sie nicht haben. Also werde ich an diesem sonnigen Osterwochenende vielleicht hauptsächlich auf Händen und Knien Knoblauchsrauke jäten. Sie entwickelt recht tiefe Pfahlwurzeln, daher sollte man sie früh herausreißen, bevor sie sich richtig einnistet!

Linke Seite

Links oben Borretsch
Rechts oben Knospen des Wald-Scheinmohns
Links unten Stockrosen-Setzlinge werden ausgepflanzt
Rechts unten Akeleie in voller Blüte im Spätfrühling

Rechte Seite

Links Traubenhyazinthen am Fuß einer Gartenmauer
Rechts Zahnlilien (*Erythronium*) 'Susannah'

DIE STARS DES COTTAGE-GARTENS IM FRÜHLING

Beginnen wir mit den Blumenzwiebeln. Ein Cottage-Garten ohne Blumenzwiebeln im Frühling (eigentlich zu jeder Jahreszeit, aber besonders im Frühling) ist kein Garten.

Narzissen und Tulpen, Hyazinthen und Schachblumen – die Auswahl an Pflanzen ist so groß, dass man gar nicht weiß, wo man anfangen soll... Auf Blumenzwiebeln kann man sich verlassen, denn sie bringen genau dann Farbe ins Spiel, wenn wir sie am meisten brauchen: nach einem langen, dunklen und (zumindest in meiner Gegend) nassen Winter.

KLEIN & GROSS

Eine alte Steinmauer meiner Nachbarn ist gesäumt von Traubenhyazinthen (*Muscari armeniacum*), in denen es immer von frühen Bienen wimmelt. Sie lieben diese Blumen. In dichten Teppichen sehen diese Zwiebelblumen besonders schön aus und verbreiten sich schnell, also behalten Sie sie im Auge. Auf dem Keukenhof in den Niederlanden waren sie, von Tulpen gesäumt, auf riesigen Fluren gepflanzt und wogten wie ein Gewässer. Ein weiterer Klassiker unter den Gartenblumen ist das Maiglöckchen (*Convallaria majalis*). Die kleine Pflanze breitet sich ebenfalls überall aus und ihre glockenförmigen weißen Blüten verströmen einen wunderbaren Duft. Sie mag schattige Plätze und feuchten Boden, daher sollte sie sich in meinem Beet wohlfühlen.
Eine weitere Bereicherung für den Frühlingsgarten ist die Hunds-Zahnlilie (*Erythronium dens-canis*), eine schattenliebende Zwiebelblume, die gerne ungestört bleibt und große Büschel bildet. Diese Sorte hat eine violette Blüte, aber es gibt viele Varietäten, die von Weiß- über Gelb- bis hin zu den verschiedensten Rosa- und Violetttönen reichen.
Am anderen Ende der Größenskala steht die Kaiserkronen-Frittliaria. Die faustgroßen Zwiebeln dieser exotischen, statuenhaften und etwas extravaganten Blumen sprießen Ende März im Frühjahrsbeet, wachsen schnell gen Himmel und bilden eine ziemlich verrückt aussehende Krone aus röhrenförmigen Blüten, die orange, rot oder gelb sein können. Sie wurden schon früh aus der Türkei eingeführt und entwickelten sich schnell zu einem Favoriten im Cottage-Garten. Zwar duften sie nicht besonders gut, durch ihre Stattlichkeit sind sie im Frühbeet jedoch sehr willkommen.

NARZISSEN

Natürlich darf man auch die Narzisse nicht außer Acht lassen, von der William Words-

Linke Seite

Oben Wilde Narzisse
Unten Kaiserkrone

Rechte Seite

Links oben Tulpe ‘Spring Green’ mit Tulpe ‘Slawa’

Rechts oben Narzisse ‘Martinette’

Links unten Narzisse ‘Pheasant’s Eye’

Rechts unten Tulpe ‘Ballerina’

Bowhay House im Frühling:
Tulpe 'Ballerina'

worth, einer der Pioniere der Cottage-Gärtner, sehr beeindruckt war. Von dieser Zwiebelblume gibt es tausende Sorten, in vielen Formen und Größen, aber alle blühen sie gelb oder weiß. Die ursprünglichen Cottage-Gärtner haben wahrscheinlich die einheimische britische Narzisse 'Lent Lily' (*Narcissus pseudonarcissus*) angepflanzt, aber die heutige Auswahl ist deutlich größer. Ich mag die klassische kleine 'Tête-à-tête', die sich gut in Töpfen oder im Beet macht, weniger gut gefallen mir jedoch die grellen trompetenförmigen, die man in Tankstellen-Shops findet. Nach der Blüte sind die Blätter dieser großen, modernen Narzissen schwierig zu entfernen und sehen im Beet wochenlang ziemlich unordentlich aus. Das spät blühende 'Fasanenauge' (*Narcissus poeticus*) hingegen ist mit seinen weißen Blütenblättern und der orangenen Mitte sehr attraktiv und macht sich gut unter Bäumen.
Insgesamt sind Narzissen recht einfach zu kultivieren und können nach der Bepflanzung sich selbst überlassen werden.

TULPEN

Und was ist mit Tulpen? Diese riesige Pflanzengruppe, die uns vom Frühling bis in den Frühsommer begleitet, gibt es in fast allen Farben und Formen. Die eleganten Blumen eignen sich perfekt für die Vase, setzen im Beet einen raffinierten vertikalen Akzent und sind zudem äußerst fotogen. Was wäre das für eine armselige Version eines Cottage-Gartens, gäbe es nicht ein paar Tulpen. Sie lassen sich hervorragend in Töpfe pflanzen und eignen sich bestens als „Lückenfüller“: Ein Topf mit Tulpen, in eine Lücke gesetzt, kann diesen Bereich des Beetes überraschend „aufwerten“. Ich mische sie mit Grünpflanzen (vor allem Farne sehen mit Tulpen schön aus) und erstelle Frühlingskreationen. Es gibt so viele Sorten, und wenn man sie sorgfältig auswählt, kann man das Schauspiel monatelang aufrechterhalten – zudem macht es viel Spaß, Farbkombinationen zu wählen: Die klassische 'Königin der Nacht', so dunkel, dass sie fast schwarz ist, gemischt mit 'Purissima' in elegantem Weiß, ist aus gutem Grund eine beliebte Kombination. Viele Gärtner kaufen jedes Jahr neue Tulpenzwiebeln, da sie nach einem Jahr weniger zuverlässig werden. Ich verwende die Zwiebeln aus meinen Töpfen wieder, indem ich sie einfach in den Garten pflanze. Sie blühen meist etwas unregelmäßig, doch das macht ja einen Cottage-Garten aus: eine zufällige Farbkombination funktioniert manchmal sehr gut, aber wenn nicht, kann man sie einfach herausnehmen und woanders einpflanzen!
Tulpen vertragen sich hervorragend mit einem anderen Favoriten im Cottage-Garten, dem Schöterich.

SCHÖTERICH

Schöterich (*Erysimum*) kann zwei- oder mehrjährig sein. Ersterer wird im Frühjahr ausgesät und blüht dann im nächsten Jahr, letzterer lässt sich am besten durch Ableger vermehren. Alle Sorten sind leicht zu kultivieren, dabei gibt es viele Varianten und Farben, aus denen man wählen kann. Besonders gut gefällt mir eine der mehrjährigen Sorten, die 'Bowles's Mauve'. Von ihr lassen sich leicht Ableger ziehen, und sie blüht fast ununterbrochen. Dieses Jahr habe ich sogar zu Weihnachten einige Blüten entdeckt! Dank ihrer Farbe, einem satten, aber gedämpften Lila, ist sie ein idealer Hintergrund für auffälligere Pflanzen, ihre Form macht sie jedoch auch zu einem eigenständigen Blickfang, vielleicht am Rand eines Beetes.

PULMONARIA

Pulmonaria, allgemein als „Lungenkraut“ bekannt, ist ein interessanter kleiner Boden-

Linke Seite:

Links oben Schöterich (*Erysimum*) 'Bowles's Mauve'
Rechts oben Tränendes Herz (*Lamprocapnos spectabilis*)
Links unten Seidelbast 'Jacqueline Postill'
Rechts unten Japanisches Goldröschen

Rechte Seite:

Oben Apfelblüte der Sorte 'Egremont Russet'

Unten Schmetterlingsflieder

decker mit oft gesprenkelten Blättern (was vermutlich zu dem Glauben führte, es helfe bei Lungenbeschwerden, wodurch auch sein Name entstand). Die nach unten gebogenen roten, blauen oder weißen Blüten kommen unter höheren Pflanzen gut zur Geltung und sind durch ihre frühe Blüte ein willkommener Anblick zu Beginn des Frühlings. Mischen Sie sie mit der Gemeinen Schlüsselblume (*Primula vulgaris*) für ein hübsches, frühlingshaftes Ensemble.

AKELEI

Die Gemeine Akelei (*Aquilegia vulgaris*) ist eine traditionelle Cottage-Pflanze, die jeden alten Boden liebt und mit etwas Sonne gut gedeiht. Sie ist eine Künstlerin der wuchernden Selbstaussaat – ist sie erst einmal im Garten, wird man sie nicht mehr los. Die Farbvariationen sind schier unendlich, denn sie bestäuben sich immer wieder gegenseitig, und es macht Spaß zu raten, welcher Farbton als nächstes auftaucht. Sie können als „Bin-

Das Gras am Wegrand neben den Beeten ist übersäht mit Gänseblümchen

deglieder“ verwendet werden, die ein Beet zusammenhalten. Lassen Sie sie stehen, wo Sie sie haben wollen und wo sie unter, neben oder um andere Pflanzen herumwachsen, ansonsten ziehen Sie sie heraus und pflanzen sie an anderer Stelle wieder ein.

PFLANZEN FÜR SCHATTIGE STANDORTE

Das Tränende Herz (*Lamprocapnos spectabilis*) ist für schattigere Bereiche des Gartens geeignet. Mit filigranen Blättern und langen, bogenförmigen Stängeln, an denen herzförmige Blüten sitzen, sieht die Staude eher ungewöhnlich aus. Es gibt rosafarbene und weiße Sorten, und die Cottage-Gärtner nannten sie früher ‘Lady in a Bath’ (Badende Dame), die man angeblich auch entdeckt, wenn man die Blütenblätter vorsichtig zurückzieht und genau hinsieht. (Ich habe es ausprobiert und konnte die badende Dame überhaupt nicht sehen!) Sie passen sehr gut zu Nieswurz-Samenständen (Nieswurze haben wahrscheinlich schon Samenstände, wenn die Lamprocapnos blühen), und die langen Stiele sterben im Sommer ab und machen Platz für andere Pflanzen.

STRÄUCHER UND BÄUME

Sträucher und kleine Bäume sind eine wichtige Stütze des Cottage-Gartens, da sie dem Beet Struktur und Höhe verleihen. Da Cottage-Gärten in der Regel recht klein sind, pflanzen ihre Besitzer selten viele Bäume, und jeder, der gepflanzt wird, muss sich seinen Platz verdienen. Obstbäume machen natürlich Sinn, und im Frühling gibt es fast nichts Schöneres als Apfelblüten. Beim Pflanzen von Obstbäumen ist jedoch Vorsicht geboten: Sie werden für eine lange Zeit dort stehen, und obwohl ein schattiges Plätzchen im Sommer willkommen ist, kann zu viel Schatten problematisch sein. Wählen Sie sorgfältig aus: Je nachdem, wie viel Platz Sie zur Verfügung haben, sind Bäume mit kleineren Wurzelstöcken besser geeignet. Am besten kaufen Sie die Bäume in einer zuverlässigen Baumschule, die Ihnen sagen kann, welche Sorte und welcher Wurzelstock für Ihren Garten passend sind. Mein Holzapfel ist eine Sorte namens ‘John Downie’.

Blühende Sträucher können schon früh für Duft und Farbe sorgen: Flieder, Zierquitte, Forsythie, Goldröschen und Schneeball sind allesamt zuverlässige und pflegeleichte Sträucher, die im Frühjahr blühen. Der Seidelbast ‘Jacqueline Postill’ duftet phänomenal und ist es wert, gepflanzt zu werden, auch wenn er ein wenig „eigenwillig“ ist. Er lässt sich nicht gerne versetzen und mag keinen Frost, aber allein für den Duft zu Beginn des Frühjahrs ist er die Mühe wert. Ein Strauch namens Tasmanischer Bergpfeffer (*Tasmannia lanceolate*) war schon da, als wir einzogen, und eignet sich perfekt als Hintergrund für andere Pflanzen im Beet. Er ist immergrün, braucht nur wenig Pflege und ist im Frühjahr mit kleinen cremeweißen Blüten bedeckt. Im hinteren Teil des Seitenbeetes (einer der wenigen Bereiche, die wir nicht verändert haben) ist er ein unauffälliger, aber wichtiger Teil des Ganzen. Sträucher wie dieser sind wirklich ihren Platz wert: Sie bilden das Rückgrat des Gartens.

Links oben Besprühen Sie neu gebildete Rosenknospen mit Seifenwasser, um Blattläuse abzuschrecken
Rechts oben Knipsen Sie verblühte Tulpenköpfe ab
Links unten Löwenzahn
Rechts unten Rote Lichtnelke (*Silene dioica*)

WAS IM FRÜHLINGSGARTEN ZU TUN IST

Im Frühling beginnt traditionell die Zeit des Rasenmähens. Eine scheinbar endlose Aufgabe – bereits ein oder zwei Tage nach dem Mähen windet sich das Gras wieder um die Knöchel!

Wie viele Gärtner heutzutage lasse ich einen Teil des Rasens ganz in Ruhe, damit das Gras und die Wildblumen, die sich darin verbergen, den Sommer über wachsen können. In den letzten circa fünfzig Jahren haben wir in Großbritannien etwa 97 Prozent unserer Wildblumenwiesen verloren – und damit auch viele der Insekten und Säugetiere, die auf sie angewiesen sind. Die Gärten dieses Landes machen jedoch eine beträchtliche Fläche aus, und wenn wir alle das Gras wachsen und die Wildblumen blühen lassen würden, könnten wir viel für die Artenvielfalt tun. Die Wege meines Cottage-Gartens bestehen aus Gras, und ich habe beschlossen, nur eine Linie in der Mitte zu mähen und das Gras an den Seiten wachsen zu lassen. Wir werden sehen, wie es im Spätsommer aussieht!

DEN GARTEN AUFRÄUMEN

Zu dieser Jahreszeit gibt es im Garten einiges in Ordnung zu bringen. Abgesehen von naheliegenden Aufgaben wie dem Jäten und Mähen, sollten Sie im Frühjahr auf jeden Fall die verblühten Köpfe von Narzissen, Tulpen und anderen Zwiebeln abschneiden. Dadurch richtet die Pflanze ihr Wachstum und ihre Kraft wieder auf die Zwiebel und nicht auf die Samenproduktion, wodurch sie im nächsten Jahr besser blühen wird. Überprüfen Sie, ob alle dauerhaften Pflanzenstützen in gutem Zustand sind. Gerade erst habe ich die Bänder an meinem Hasel-Wigwam neu gebunden, und meine niedrige Weidenhürde brauchte etwas liebevolle Zuwendung. Überprüfen Sie alle Frühbeete auf Schädlinge – ich hatte eine einzige Schnecke, die es geschafft hatte, sich im Frühbeet zu verstecken, und in dieser Zeit eine ganze Schale mit Ringelblumen dezimierte! Im Gemüsebeet schießen die Saubohnen in die Höhe; schneiden Sie die Spitzen der Pflanzen ab, wenn sie von der schwarzen Bohnenblattlaus befallen sind, oder besprühen Sie die Triebe mit einer Seifenlösung. Apropos Blattläuse: Jetzt ist der richtige Zeitpunkt, um den Befall des neuen, zarten Grüns von Rosen und anderen anfälligen Pflanzen (Blattläuse scheinen Akelei besonders zu lieben) zu stoppen. Anstatt Chemikalien zu verwenden, sollten Sie es mit verdünnter Seifenlauge versuchen und mit den Fingern über die Knospen und jungen Blätter wischen.

„UNKRAUT“

Mit dem Frühling kommen auch die Unkrautkeimlinge. Nun gibt es viele sogenannte „Un-

kräuter“, und die Definitionen, was ein Unkraut eigentlich ist, sind oft nicht sehr hilfreich. Versteht man darunter nur eine Pflanze, die sich am „falschen" Ort befindet, wäre auch ein Ableger des geliebten Phlox oder Mohns, der im „falschen“ Teil des Gartens steht, ein Unkraut. Der Cottage-Garten ist ein ziemliches Durcheinander von Pflanzen, sodass die Idee von einer Pflanze an der falschen Stelle ein wenig unsinnig erscheint, doch schlussendlich geht es ja darum, alles harmonisch zu regulieren. Die frühen Cottage-Gärtner liebten Butterblumen, ließen sie gewähren und pflegten sie sogar. Seien Sie jedoch vorsichtig, welche Hahnenfußarten Sie fördern. Der Kriechende Hahnenfuß (*Ranunculus repens*) ist eine invasive Pflanze, die sich schnell ausbreitet, und obwohl er sehr nützlich für Insekten ist, sind Sie mit dem Scharfen Hahnenfuß (*Ranunculus acris*) in Ihren Beeten besser dran, denn er lässt sich viel leichter in Schach halten. Neben den Hahnenfußgewächsen wächst in meinem Beet die Rote Lichtnelke (*Silene dioica*), eine weitere Wildpflanze, die hier gut gedeiht und sich im schattigen Bereich um die Nieswurz und die Kamelien schlängelt. Wenn zu dieser Jahreszeit die unerwünschten Keimlinge zahlreich auftauchen, ist es wichtig, die Oberhand zu behalten und sie auszureißen oder das Beet auszuhacken. Ich mag das Aussehen von Löwenzahn (*Taraxacum officinale*) und er ist eine wertvolle Nahrungsquelle für viele frühen Falter und Insekten, aber ich bevorzuge ihn im Rasen und nicht in den Beeten, also grabe ich ihn aus (und versuche, alle langen Pfahlwurzeln herauszuziehen, denn selbst das kleinste Stückchen, das im Boden bleibt, wächst nach). Unkraut jäten ist eine befriedigende Arbeit, und ich liebe die kontemplative Seite daran, aber wie bei allem muss man ein Gleichgewicht finden. Lassen Sie den Garten wachsen und geben Sie auch dem Zufall etwas Raum. Die Bienen werden sich freuen, wenn sie im Frühjahr die schönen sonnigen Gesichter des Löwenzahns im Gras sehen.

SETZLINGE EINPFLANZEN

Im Frühling ist es an der Zeit, einige der Setzlinge, die Sie auf der Fensterbank gepflegt haben, einzupflanzen – allerdings ist hier Fingerspitzengefühl gefragt. Eine junge Pflanze

Junge Löwenmäulchen-Setzlinge werden in ein selbst gebautes Frühbeet gesetzt

kann auf der Fensterbank gesund und kräftig aussehen, wenn man sie jedoch direkt nach draußen stellt, wird sie wahrscheinlich Probleme bekommen. Überprüfen Sie sorgfältig, ob die Pflanzen für den Umzug ins Freie bereit sind. Wenn die Pflanze etwa doppelt so hoch und mindestens genauso breit ist wie ihr Topf, hat sie wahrscheinlich die Nährstoffe in der Topferde aufgebraucht (in jedem Topf sind in der Regel höchstens Nährstoffe für etwa acht Wochen) und wird vermutlich bald ausdörren. Prüfen Sie, ob die Pflanze „topfgebunden" ist, indem Sie die Pflanze vorsichtig herausnehmen und die Wurzeln untersuchen. Wenn sie beginnen, um den Wurzelballen herum zu wachsen, ist das ein Zeichen dafür, dass sie mehr Platz brauchen. Und wenn die Blätter zu vergilben beginnen, bedeutet das wahrscheinlich, dass die Pflanze zu wenig Nährstoffe hat. Trifft einer dieser Fälle zu, ist es an der Zeit, die Pflanze ins Beet zu setzen oder umzutopfen. Beim Umsetzen ins Freie kann man die Pflanzen jedoch nicht einfach in die Erde stecken und hoffen, dass sie das einfach so mitmachen. Die Stecklinge müssen ein bis zwei Wochen abgehärtet werden, damit sie sich an Wind und Wetter gewöhnen können. Verwenden Sie ein Frühbeet oder eine Pflanzglocke, um die jungen Pflanzen zu schützen und sie an den Aufenthalt im Freien zu gewöhnen. Pflanzen Sie sie dann an einem trüben, aber warmen Tag ins Beet, gießen Sie sie gut an und behalten Sie sie im Auge. Achten Sie auch auf die Wettervorhersage und verschieben Sie das Auspflanzen, wenn schlechtes Wetter bevorsteht, da kleine Pflanzen sehr empfindlich sind und ihre jungen Blätter leicht abbrechen können.

SAMEN AUSSÄEN

Das Frühjahr ist der optimale Zeitpunkt, um mit der Aussaat zu beginnen. Wenn die Tage länger und wärmer werden, können Sie winterharte einjährige Pflanzen und Gemüse direkt in den Boden säen. Sie können auch mit der Aussaat von halb winterharten einjährigen Pflanzen (z. B. Kosmeen, Tithonien, sogar Dahlien) und Tomaten oder Chilis unter Glas beginnen. Verschiedene Samen erfordern unterschiedliche Keimverfahren, daher ist es wichtig, die Packung zu lesen. Als allgemeine Regel gilt, dass kleine Samen (z. B. Mohn und Akelei) nur an der Oberfläche ausgesät und höchstens mit sehr feinem Vermiculit (Ansatz-Substrat) bedeckt werden dürfen; gießen Sie die Samen gut an, verwenden Sie dabei aber einen feinen Sprühnebel, damit sie nicht weggeschwemmt werden. Größere Samen sollten etwa dreimal so tief in die Erde gesetzt werden, wie sie groß sind. Wenn Sie die Samen direkt in den Boden säen, sollten Sie die Aussaatfläche gut auflockern und den Boden markieren, damit Sie wissen, dass Sie dort nichts anderes säen können. Sie können kleine Stöckchen oder sogar eine Linie aus Sand verwenden, um die Stellen zu kennzeichnen. Festigen Sie den Boden mit einer Harke und wässern Sie ihn gut. (Vögel fressen gerne kleine Setzlinge, deshalb müssen Sie sie eventuell mit einem feinen Netz schützen, bis sie gut angewachsen sind).

PFLANZEN STÜTZEN

Mit dem Fortschreiten des Frühjahrs sprießen plötzlich die Pflanzen und es gibt viel neues Wachstum, das möglicherweise stabilisiert werden muss. Junge, dünne Triebe sind nicht so robust wie bei älteren Pflanzen und sollten daher gestützt werden. Dabei kann es sich um einfache Stäbe handeln, an denen Sie die Stängel festbinden, oder um größere Stützen, die die ganze Saison über stehen bleiben. Da es sich hier um einen Cottage-Garten handelt, sind rustikale Pflanzenstützen durchaus akzeptabel, auch die ursprünglichen Gärtner hätten Zweige und Äste aus dem Garten oder

Linke Seite

Links Aussaat von Duftender Platterbse
Rechts Eine junge Pfingstrose wird abgestützt

Rechte Seite

Ein gesundes Stück Erde im schattigen Frühlingsbeet mit allen möglichen Setzlingen – von denen einige als Unkraut bezeichnet werden!

der Umgebung verwendet, um ihre Erbsen und Stangenbohnen abzustützen.. In einem Waldstück in der Nähe habe ich einige Haselstämme für meinen Garten gesammelt, mittlerweile stehen sie seit zwei Jahren an ihrem Platz, unterstützen das Wachstum im Sommer und bieten eine Struktur, die auch im tiefen Winter gut aussieht. Ich habe sie mit dünneren, geschmeidigeren Weidenstämmen vom örtlichen Teich zusammengebunden. Außerdem verwende ich einige verrostete Metallstützen für die mehrjährigen Pflanzen, die im Frühjahr zu wachsen beginnen. Am besten bringt man die Stützen lange vor dem eigentlichen Wachstumsbeginn an, damit die Pflanzen auf natürliche Weise um und durch die Stützen wachsen.

WEICHHOLZ-STECKLINGE/ BASAL-STECKLINGE

Das Frühjahr ist eine gute Zeit, um Weichholz- oder Basal-Stecklinge von vielen Pflanzen zu nehmen. Seinen Pflanzenbestand durch Stecklinge zu vermehren, ist eine große Genugtuung, denn es ist kostenlos und ziemlich einfach. Mehrjährige Pflanzen wie Stiefmütterchen, Hundskamillen, Petunien und Verbenen, aber auch einige Sträucher wie Hortensien, lassen sich auf diese Weise vermehren, und auch der Bestand an Rittersporn, Lupinen, Dahlien und anderen samenbildenden Pflanzen kann durch Basal-Stecklinge vergrößert werden.
Verwenden Sie ein sehr scharfes Messer, um Basal-Stecklinge vom Rand eines neuen Triebs zu nehmen, der sich aus der Basis einer Pflanze entwickelt. Entfernen Sie die unteren Blätter, um den Wasserverlust des Stecklings zu verringern. Tauchen Sie das Ende des Stecklings schnell in Bewurzelungsmasse und setzen Sie ihn in einen Topf mit neuer Stecklingserde, den Sie dann entweder mit einer Plastiktüte abdecken oder in

Links Lupinen- und Rittersspornsetzlinge, die aus dem Beet genommen wurden

Rechts Basal-Stecklinge von Dahlien

ein Zimmergewächshaus mit ausreichend Luftfeuchtigkeit stellen. Platzieren Sie die Stecklinge an einen hellen Ort mit indirektem Licht und denken Sie daran, die Pflanzen abzuhärten, bevor sie ins Freie umgesiedelt werden.

SETZLINGE IN DEN BEETEN

Und da ich gerade beim Thema bin, wie Sie den Bestand an Pflanzen kostenlos vergrößern – achten Sie auch auf neue Setzlinge, die in den Beeten sprießen. In der Nähe von etablierten Pflanzen wie Lupinen, Rittersporn und Stockrosen gibt es oft Setzlinge, die Sie vorsichtig ausgraben und entweder an einen neuen Platz setzen oder einfach in einen Topf stecken und für später aufbewahren können. Vielleicht haben Sie im Moment keinen Platz, aber es werden sich Lücken auftun, und dann eignen sich diese Setzlinge perfekt, um sie zu füllen.

BLUMENZWIEBELN FÜR DEN SOMMER PFLANZEN

Jetzt ist ein guter Zeitpunkt, um einige Sommerzwiebeln zu setzen. Lilien zum Beispiel können direkt in die Beete oder in Töpfe gepflanzt werden, und solange die Zwiebeln zwei- bis dreimal so tief in die Erde kommen, wie sie groß sind, werden die Blumen über viele Wochen für Farbe und Wirkung sorgen. Wenn man sie in Töpfe pflanzt (was ich eine gute Idee finde, denn sie eignen sich hervorragend als Lückenfüller im Spätsommer, wenn ein Teil der frühen Farbe verblüht ist), sollte man etwas Kies hinzufügen, denn die meisten Zwiebeln schätzen eine gute Drainage. Falls möglich, pflanzen Sie die Zwiebeln in Gruppen von mindestens drei bis fünf Stück, mit dem nötigen Abstand, damit sie Platz zum Wachsen haben. Je mehr, desto besser, denn Blumenzwiebeln, die im Beet in die Höhe schießen, sind ein schöner und sehr willkommener Anblick!

Aufgaben im Frühling

1 Sommerzwiebeln pflanzen, um später eindrucksvolle Anblicke zu erhalten.

2 Basal- oder Weichholz-Stecklinge von vielen mehrjährigen Pflanzen und Sträuchern nehmen.

3 Abstützen der Pflanzen mit Bambusstäben oder Metallstützen. Pflanzen mit schweren Blütenköpfen am Neuaustrieb, wie z.B. Pfingstrosen, profitieren besonders davon.

4 Aussäen von winterharten und einigen winterfesten einjährigen Pflanzen sowie von Gemüse.

5 Regelmäßiges Jäten des Gartens, damit sich kein Unkraut ausbreitet. (Aber lassen Sie vielleicht einige Kräuter für die Insekten stehen.)

6 Streichen, Lackieren und Erneuern von Gartenmöbeln – vorzugsweise aus Holz! Ein rustikaler, abgenutzter Look entspricht zwar eher der Tradition eines Cottage-Gartens als nagelneues Plastik – trotzdem sollte man Holzmöbel pflegen, damit sie besser aussehen und länger halten.

7 Regelmäßige Kontrollgänge durch den Garten helfen, Blattläuse und Schnecken zu bekämpfen. Verwenden Sie Schneckenfallen aus Bier oder Seifenwasser für Blattläuse. Regelmäßig und oft sind hier die Zauberworte!

8 Das Frühjahr ist ein guter Zeitpunkt, um Rosen zu schneiden. Verwenden Sie eine saubere und scharfe Gartenschere und machen Sie einen schrägen Schnitt etwa 6 mm oberhalb einer nach außen zeigenden Knospe.

9 Kümmern Sie sich um die Vögel in Ihrem Garten und füttern Sie sie regelmäßig, während sie nisten. Die beste Nahrung sind Fettkugeln, Samen und Nüsse in einem Futterspender (lassen Sie jedoch niemals ganze Erdnüsse liegen, denn sie haben genau die richtige Größe, sodass Jungvögel daran ersticken).

10 Legen Sie fleischhaltige Nahrung für Igel aus und schneiden Sie kleine Löcher in Ihre Zäune, damit sie sich frei bewegen können. Igel sind der Freund eines jeden Gärtners.

EIN PROJEKT FÜR EINEN FRÜHLINGSTAG

Entnahme von Basal-Stecklingen (Weichholz)

Schneiden eines Basal-Stecklings bei einer Dahlie

Entfernen der unteren Blätter

Steckling in Bewurzelungspulver tauchen und in Kompost stecken

Einpflanzen des Stecklings in einen Topf

Links Bowhay House: Tulpen Ballerina, 'Rococo' und 'Princess Irene' in verschiedenen Töpfen

Mitte Tulpe 'Spring Green'

Rechts Narzisse 'Martinette' mit Primel und Traubenhyazinthen

TÖPFE UND PFLANZGEFÄSSE IM FRÜHLING

Die Beete im Frühjahr sind manchmal etwas unordentlich. Mit Blumentöpfen können Sie trotzdem für einen schönen Anblick sorgen.

Platzieren Sie einen Topf entweder an einem zentralen Ort, der die Aufmerksamkeit auf sich zieht, oder einfach direkt vor der Tür, wo Sie ihn am besten bewundern können. Es mag selbstverständlich sein, aber bei frühlingshaft bepflanzten Töpfen dreht sich für mich alles um die Zwiebelblumen, und am liebsten mag ich sie recht schlicht. Ein hübsches Arrangement von farblich aufeinander abgestimmten Tulpen ist unübertrefflich! Versuchen Sie jedoch, ein paar andere Pflanzen einzubauen, um den umwerfenden Anblick von Osterglocken und Tulpen zu verstärken: weiches Immergrün oder Blattpflanzen, oder sogar ein Federgras, eignen sich gut als Hintergrund für die Hauptdarsteller. Hinter Traubenhyazinthen

Oben Recyceltes Pflanzgefäß: Narzissen in einer Schubkarre

Rechts Töpfe mit Tulpen der Sorte 'White Parrot' und 'Spring Green', dahinter Narzissen 'Ice King'

(*Muscari armeniacum*) macht sich zum Beispiel *Stipa tenuissima* gut.

Beetpflanzen wie Polyanthus-Primeln und Gänseblümchen gibt es zu dieser Jahreszeit in Hülle und Fülle, und ein Topf voller leuchtender Farben mit einem federartigen Farn im Hintergrund ist ein wahrer Traum. Bei großen Pflanzgefäßen kann man sich leicht dazu hinreißen lassen, viele Pflanzen hineinzupacken, aber die ursprünglichen Cottage-Gärtner verwendeten das, was im Garten vorhanden war, und beschränkten sich vielleicht auf eine Sammlung kleinerer Töpfe. So ist es einfach, Dinge auszutauschen und zu arrangieren: Sie könnten zum Beispiel ein paar kleine Töpfe mit je drei Tulpen neben einen Topf mit einem Dickblattgewächs stellen, und daneben als Kontrast einen mit Farn oder einer Blattpflanze. Verwenden Sie wiederverwerteten Kleinkram. Ich habe eine schöne alte Vogeltränke aus Metall gefunden, die klein genug ist, um sie zu transportieren, und die gut zu meinen Töpfen passt. Eine alte zerbrochene Teekanne oder sogar eine Tasse mit Untertasse kann sich, geschickt platziert, ins Gesamtbild einfügen.

Viele Frühlingstöpfe enthalten Blumenzwiebeln, und es lohnt sich, daran zu denken, dass diese im Herbst zuvor gepflanzt werden müssen. (Sie können natürlich auch bereits blühende Zwiebeln in Gartencentern oder Gärtnereien kaufen, aber das ist viel teurer.)

Frühlingszwiebeln blühen zu unterschiedlichen Zeiten, und wenn Sie ein Gefäß planen, können Sie die Zwiebeln nach dem Lasagne-Prinzip schichten, d. h. die Zwiebeln werden in unterschiedlichen Tiefen gepflanzt, sodass die Blüten über einen bestimmten Zeitraum hinweg erscheinen; vielleicht blühen zuerst Krokusse, dann Tulpen oder Narzissen und zum Schluss eine spät blühende Narzissenart wie 'Fasanenauge' (*Narcissus poeticus*). Alternativ kann man den Topf so planen, dass alles auf einmal blüht.

Wenn Sie gestaffelt pflanzen, sollten die größeren Zwiebeln am tiefsten und die kleinsten oben liegen, und jede Schicht von Zwiebeln sollte durch eine etwa 7,5 cm dicke Erdschicht von der nächsten getrennt sein. Achten Sie darauf, dass die Töpfe eine wirklich gute Drainage haben, denn die meisten Zwiebeln hassen Staunässe, und im Frühjahr kann es oft nass werden. Legen Sie Tonscherben aus alten, zerbrochenen Terrakottatöpfen über das Loch am Topfboden, mischen Sie etwas Splitt in den Kompost (etwa im Verhältnis Kompost 3:1 Splitt) und stellen Sie die Töpfe an einen möglichst sonnigen Platz. Wenn Sie befürchten, dass Eichhörnchen die Blumenzwiebeln stehlen, können Sie zum Schutz ein Stück Maschendraht über die Töpfe spannen, bis sich die ersten Triebe zeigen. Während der Blütezeit in den Frühlingsmonaten sollten Sie verblühte Köpfe regelmäßig entfernen, um weitere Blüten zu fördern und damit die Töpfe immer hübsch aussehen. Zudem hilft es der Pflanze, Energie in der Zwiebel zu speichern, die dann im nächsten Herbst entweder in neue Töpfe oder in die Beete umgepflanzt werden kann.

JPC
384K
DAHLIA

Links Seaview Cottage, Cornwall: Frühjahrsbepflanzung der Hochbeete

Unten (beide Bilder) Seaview Cottage: Der Garten erstrahlt in frühlingshaften Farben und ist ein wunderbares Beispiel dafür, was mit nachhaltigen Methoden möglich ist

INSPIRIERENDE FRÜHLINGSGÄRTEN

SEAVIEW COTTAGE, CORNWALL

Dieser Garten gehört Beth Tarling, einer Freundin von mir. Die begeisterte Hobbygärtnerin ist von der Geschichte des Gärtnerns fasziniert und ihre Sammlung von Büchern, Töpfen, Werkzeugen und Gerätschaften würde so manches Museum in den Schatten stellen! Der Garten ist einfach angelegt, mit Hochbeeten und geraden Wegen dazwischen, umgeben von Geräteschuppen, die ihr Partner Dan gebaut hat. Vieles, was man darin findet (darunter ganze Sätze von Terrakottatöpfen in allen erdenklichen Größen, Saatgutpackungen aus der Vorkriegszeit, Postkarten und Anzeigen für örtliche Blumen-Ausstellungen der 1950er Jahre), hat sie auf Flohmärkten erworben oder im Internet gefunden. Im Frühling ist der Garten eine farbenfrohe und sorgfältig kuratierte Sammlung von Tulpen und Narzissen, sowie Terrakottatöpfen, die jede Lücke füllen. Das Gewächshaus ist vollgestopft mit Setzlingen und die Arbeitstische sind mit selbstgemachtem Kompost bedeckt. Beth ist Biogärtnerin, und ihre Komposthaufen sind, anders als bei mir, ordentlich angelegt und sorgfältig gepflegt; nichts wird weggeworfen – und es gibt nicht den Hauch von Plastik. Der Garten ist wunderschön gelegen, mit Blick aufs Meer, außerdem ist er Teil des National Garden Scheme. Ein Besuch lohnt sich.

WAS MAN IM FRÜHLING FOTOGRAFIEREN KANN

– plus Tipps und Tricks

Bei der Fotografie im Freien kommt es vor allem auf das Licht an, für gute Gartenfotografie muss man also sehr früh aufstehen oder lange aufbleiben.

Das weiche, aber direkte Sonnenlicht kann als Gegenlicht dienen oder die Details einer prächtigen Blume sanft beleuchten, sowie verschiedene Bereiche in einem Beet hervorheben. Schauen Sie sich ein gutes Gemälde an und ergründen Sie, wie der Künstler die Sonne nutzt, um interessante Bereiche einer Szene zu betonen. Genau das versuchen Sie in gewisser Weise zu erreichen. Im Frühling beginnt und endet dieses weiche Licht etwa eine Stunde um die Morgendämmerung herum (die zu dieser Jahreszeit glücklicherweise später ist als im Hochsommer!). Einen ähnlichen Effekt hat man vor der Abenddämmerung, aber meiner Meinung nach gibt es nichts Besseres, als im Dunkeln das Haus zu verlassen und zum Foto-

Linke Seite

Links Seaview Cottage in Frühjahrsstimmung: Hochbeete, alte Pflanzglocken und Terrakottatöpfe

Rechts Seaview Cottage: Wäsche trocknet auf einer Leine

Rechte Seite

Links Sizilianischer Honiglauch (*Allium siculum*), fotografiert mit einem Makroobjektiv, mit kreisförmigen Lichtreflexen (im Fachjargon „Bokeh" genannt) im Hintergrund

Rechts Achten Sie im Frühjahr auf Tautropfen an den zarten Blütenblättern von Tulpen

grafieren an einem Ort anzukommen, an dem gerade die Sonne aufgeht. Wenn man das in seinem eigenen Garten machen kann, umso besser – dann muss man den Wecker nicht ganz so früh stellen!

Suchen Sie im Frühlingsbeet nach Zwiebelblumen kurz vor dem Erblühen. Ich liebe *Allium siculum* und seine frisch gebildeten, etwas seltsam geformten Blütenköpfe. Diese werden zu glockenförmigen, cremefarbenen und violett gefärbten Blüten, und später im Sommer, wenn sie sich zu Samenköpfen entwickeln, drehen sich diese Glocken nach oben. Alles in allem also eine sehr fotogene Blume. Gehen Sie mit einem Makroobjektiv ganz nah heran. Verwenden Sie zusätzlich eine große Blende, heben sich die Details gut vom Hintergrund ab. Mit hellen Lichtflecken im Hintergrund, können Sie das so genannte „Bokeh", kreisförmige Glanzlichter, erzielen.

Sofern ihr Gewicht es zulässt, können Töpfe mit Zwiebelblumen unterschiedlich positioniert werden, sodass die Farben der Blüten mit dem Hintergrund kontrastieren oder ihn ergänzen.

Achten Sie auch auf Tautropfen, die sich am frühen Morgen bilden. Wenn sie an den weichen Blütenblättern einer Tulpe haften und das Frühjahrslicht einfangen, sieht das sehr eindrucksvoll aus.

Ein Bokeh kann zwar reizvoll sein, aber die meisten von uns versuchen grundsätzlich, Linsenreflexe zu vermeiden. Fällt Licht schräg auf die Kamera und trifft dabei auf das Objektiv, kann ein Teil des Lichts abprallen, statt ins Objektiv zu gelangen. Dies führt zu Streulicht, das den Kontrast verringert und „Blendenflecken" verursachen kann (derzeit ein Trend, um Bildern Atmosphäre zu verleihen). Hier lohnt es sich, über die Vorteile einer Streulichtblende nachzudenken. Dieser wichtige Ausrüstungsgegenstand verhindert (oder vermindert immerhin) Streulicht. Manchmal ist es jedoch am einfachsten, die Hand zu benutzen und sie gerade außerhalb des Sichtfelds zu positionieren, um so die Sonne abzuschirmen.

MUTTI
POLPA
FISKARS

Werkzeuge

Die Techniken und Praktiken der Gartenarbeit haben sich seit den Tagen der frühen Cottage-Gärtner nur wenig verändert. Die meisten Gärtner verwenden immer noch die gleichen Werkzeuge wie vor Hunderten von Jahren (auch wenn heutzutage leider immer mehr Kunststoff und Aluminium bei der Herstellung verwendet wird). Ein guter Spaten zum Graben und eine Schaufel zum Schippen, eine Hacke zum Unkrautjäten, eine Harke sowie eine Handkelle und -gabel sind die Grundausstattung, die zusammen mit einer Gartenschere für die meisten Arbeiten im Garten ausreichen sollte. Ein paar weitere Extras sind hilfreich: eine Gießkanne und eine Schubkarre zum Beispiel. Versuchen Sie, eine Gießkanne aus Metall zu finden (das sieht viel schöner aus als Plastik, vor allem, wenn Sie Ihren Garten fotografieren wollen).

In den ruhigeren Monaten im Herbst und Winter ist das Instandhalten und Pflegen der Geräte in meinem Schuppen eine meiner Lieblingsbeschäftigungen im Garten. Ich verbringe gerne Zeit damit, die Werkzeuge zu schärfen und zu ölen. Ein guter Schleifstein und eine Dose Öl – beides bekommt man in jedem Baumarkt – sind daher eine lohnende Ergänzung für jeden Werkzeugschuppen. Ich empfehle immer, etwas mehr Geld für Werkzeug auszugeben, sofern Ihr Budget das zulässt (obwohl ich, um ehrlich zu sein, einen großen Teil meiner Ausrüstung bei der örtlichen Mülldeponie gefunden habe, wo die Stadtverwaltung in einem Laden nützliche Dinge verkauft, die Leute weggeworfen haben). Ich habe nicht gezählt, wie viele günstige Gartenscheren ich kaputt gemacht habe, bevor ich etwas mehr Geld für eine qualitativ hochwertige Schere ausgab, die man leicht schärfen und reparieren kann und die sich besser in der Hand anfühlt als die billigen, die einfach auseinanderfallen.

Werkzeuge sind etwas sehr Persönliches und man gewöhnt sich an sie, so wie sich ein Zimmermann an seinen eigenen Meißel oder Hobel gewöhnt. Damit möchte ich sagen, dass man sie mit Sorgfalt auswählen und mit der Absicht kaufen sollte, dass sie ein Leben lang halten.

Linke Seite

Meine kunterbunte Sammlung von Gartengeräten. Einige schätze ich sehr, auch wenn sie etwas heruntergekommen sind

Oben Wenn man qualitativ gute Geräte kauft und bereit ist, Zeit für ihre Pflege aufzuwenden, können sie sehr lange halten

2

FRÜH-SOMMER im Cottage-Garten

Bowhay House: Zwangloses Ensemble von Rotem Fingerhut (*Digitalis purpurea*), Bach-Kratzdistel (*Cirsium rivulare*) 'Atropurpureum', Bartnelke (*Dianthus barbatus*) und Akeleien (*Aquilegia vulgaris*) in frühsommerlichen Beeten

BOWHAY HOUSE —

Eine Momentaufnahme des Frühsommers

Meine stattliche Engelwurz habe ich abgestützt und schützende Pflanzenstützen um die aufkeimenden Lupinen und die Rauke gelegt. Die geballte Pflanzenkraft entfaltet sich überall in den Beeten und das ganze neue Grün braucht ein wenig Unterstützung.

Am meisten wuchert das Gras auf den Gartenwegen. Ich probiere den „mähfreien" Mai aus und habe auf beiden Seiten der Wege etwa 30 cm stehen lassen, damit das Gras und die Blumen einen Monat lang ungehindert wachsen können. Schon jetzt werde ich von der einfachsten aller Blumen, dem Gänseblümchen, geradezu überwältigt. Neben Klee und Löwenzahn bevölkert es das Gras und sein perfektes kleines Gesicht strahlt mich an. Keine komplizierte Form, nur eine grüne Rosette mit kräftigen Stängeln und darüber eine weiße Blütenpracht, ausgehend von einer buttergelben Mitte. Die Bienen lieben sie (wie auch Löwenzahn und Klee), und man fragt sich, warum die Streifenrasen-Brigade sie so hasst. In den letzten fünfzig Jahren gingen 97 Prozent aller Wildblumenwiesen verloren, und Gärten im Vereinigten Königreich könnten dazu beitragen, den massiven Verlust an ökologischer Vielfalt auszugleichen, und viele tun dies auch. Ich höre lieber die Insekten und sehe das so genannte „Unkraut" gedeihen, als einen perfekt gemähten Rasen zu besitzen.

Einige Tulpen halten noch eine Weile durch, und abgesehen von seltsamen Farbkombinationen (ein Ergebnis des wahllosen Einpflanzens der Blumenzwiebeln aus den Töpfen vom letzten Jahr), sorgen sie für hochgewachsene und willkommene Frühsommerfarbe über den luftigen Blütenkissen aus Vergissmeinnicht (*Myosotis sylvatica*). Die Leichtlin-Prärielilie (*Camassia leichtlinii*) unter dem Vogelhäuschen (das bereits ein Gelege neuer Blaumeisen beherbergt hat) blüht gerade, und der von mir im letzten Herbst gepflanzte Holzapfelbaum ist bereits mit sattgrünem neuem Laub bedeckt. Verstreut im Garten stehen Scharen von Wald-Scheinmohn (*Papaver cambricum*), gemischt mit unzähligen Alliumgewächsen. Tatsächlich gibt es viel mehr Allium, als ich je gepflanzt habe! Der sizilianische Honiglauch

Links Sizilianischer Honiglauch oder *Allium siculum* (syn. *Nectaroscordum siculum*) kurz vor der Blüte

Mitte Knospen eines *Siculums* mit Morgentau

Rechts Der perfekte Platz für den morgendlichen Kaffee

(*Allium siculum*) sieht aus, als würde er gleich erblühen, und wenn ich zu dieser Jahreszeit nur eine einzige Pflanze fotografieren dürfte, dann wäre es vermutlich diese. Dabei handelt es sich um eine etwas seltsam aussehende Zwiebel mit einem unpassend dünnen Stängel und fabelhaften glockenförmigen Blütchen mit einer ungewöhnlichen Mischung aus blassem Violett und Grün. Um dem Ganzen die Krone aufzusetzen, drehen sich die einzelnen Samenstände nach der Reifung auf den Kopf.

Im Frühsommer kann ich mir keinen Ort vorstellen, an dem ich lieber wäre als hier im Garten, zwischen den Pflanzen, beim Gut-Zureden, Abstützen, Jäten und Pflanzen. Oder ich stehe nur da und staune über das, was sich gerade entwickelt. So sehr man sich auch anstrengt, als Gärtner hat man nie wirklich die Kontrolle, und eine der Freuden der Gartenarbeit besteht darin, das zu akzeptieren und mit der Natur zu arbeiten, anstatt zu versuchen, sie zu unterwerfen.

Der Gestaltungsprozess geht weiter. Einige Frühjahrspflanzen haben ihre beste Zeit hinter sich und müssen von ihren Plätzen entfernt werden, um Platz für neue zu schaffen, die aus ihren Töpfen in der so genannten „Baumschule“, die ich in der Ecke des Gartens angelegt habe, herauswachsen. Jetzt kann ich einige der Rittersporn- und Lupinen-Setzlinge, die ich aufgezogen habe, auspflanzen – und sogar einige Borretsch-Setzlinge, die ich ins Herz geschlossen habe,

obwohl sie sehr anspruchsvoll sind. Die schlaksige Pflanze ist ziemlich widerspenstig, jedoch hat sie wirklich fabelhafte saphirblaue Blüten und ist so einfach zu ziehen. Da sind auch Sonnenblumen und Dahlien, die gepflanzt werden könnten. Früher erwartete man den letzten Frost etwa zur Chelsea Flower Show Ende Mai, aber hier unten im sonnigen Devon können wir davon ausgehen, dass der Winter bis Mitte Mai vorbei ist, also gehe ich gerne ein Risiko ein. Ich behalte sogar immer ein paar Setzlinge im Geräteschuppen zurück, nur für den Fall der Fälle. Einige der frühen Narzissen mache ich zurecht und finde Platz für die Bischofsblume (*Ammi majus*), wo vorher ein Teppich mit ausdauernd blühenden, tief orangefarbenen Ringelblumen war – passenderweise 'Neon' genannt, wenn ich mich recht erinnere!

Die Rosen sehen im Moment fabelhaft aus, und ich denke, die Kombination aus einem sorgfältigen Rückschnitt im Frühjahr und einer dicken Mulchschicht aus Kompost hat sich bezahlt gemacht. Die Pflanzen, die ich übernommen habe, sahen alt und ein wenig zerfleddert aus, aber sie haben sich in diesem Jahr unglaublich entwickelt. Sie blühen viel mehr als letztes Jahr und das Blätterwerk sieht deutlich gesünder aus. Ich habe auch einige 'David-Austin'-Rosen gepflanzt, die sich inzwischen gut eingelebt haben, und Kletterrose 'Claire Austin' entwickelt tatsächlich schöne lange Triebe, die auf die Spitze ihres Bogens zustreben. Rosen sind

Unten links Ringelblume (*Calendula*) 'Neon'

Unten rechts Große Knorpelmöhre (*Ammi majus*)

Rechte Seite

Allium 'Purple Sensation' (jetzt verblüht), Bartnelke, Fingerhut, Rosen und Mohnblumen passen gut in dieses Cottage-Garten-Beet

natürlich ein Muss im Cottage-Garten und bilden Mittelpunkte, neben denen weniger auffällige Pflanzen in den Hintergrund treten. Die Katzenminze (sehr beliebt ist *Nepeta* 'Six Hills Giant') etwa ist in Kombination mit fast allen Rosen ein fester Bestandteil des englischen Sommergartens. Eine namenlose Rose sah im letzten Jahr etwas kränklich aus. Durch einen glücklichen Zufall befand sich unter ihr eine selbstausgesäte Nachtviole (*Hesperis Matronalis*), verdeckte einige der kahlen Zweige und Stiele und verlieh so den Blüten einen schönen, luftigen Hintergrund. Die Alliumpflanzen sind verblüht und werden bald Samenstände bilden, aber es gibt reichlich Ersatz für sie: Stockrosen bilden Knospen, scheinen in die Höhe zu schießen, sobald man sich umdreht, und Mohnblumen aller Art stehen in voller Blüte. Der Schlafmohn (*Papaver somniferum*) ist bereits 1,5 Meter hoch und bildet neben seinen fotogenen Samenköpfen jeden Tag neue Knospen. Die Mohnblumen 'Danish Flag' haben ungewöhnlich fransige rot-weiße Blütenblätter, und es gibt auch eine ziemlich faszinierende rosafarbene Sorte mit gefüllten Blüten. Diese Pflanzen haben allerdings auch ihre Tücken. Ich muss sie abstützen, denn da sie so schnell wachsen, haben sie brüchige, schwache Stängel und selbst in diesem geschützten Garten sind sie anfällig für Windschäden. Die unteren Blätter werden schnell braun, sodass ich viel Zeit damit verbringe, den Boden unter ihnen zu säubern. Jedoch sehen sie inmitten anderer Pflanzen bemerkenswert aus – und ihre Beetnachbarn helfen, die eher unordent-

lichen Blätter zu verdecken.
Überall in den Beeten sind Fingerhüte zu sehen, deren hohe Spitzen den Beeten einen fast musikalischen Rhythmus verleihen, und zwischen dem vorherrschenden Pink gibt es viele weiße Blüten. Das Brummen der Hummeln, die sie besuchen, kann am frühen Morgen ohrenbetäubend sein, und zusammen mit dem Gezwitscher der über ihnen schwirrenden Mehlschwalben bildet es eine belebende Natur-Sinfonie, die mich begleitet, wenn ich durch den Garten schlendere. Das Geißblatt (*Lonicera periclymenum*), das ich vor dem schwarz gestrichenen Schuppen gepflanzt habe, gedeiht gut, und der Duft ist berauschend, wenn ich in der Tür stehe und auf die Tomaten unter dem Haselnuss-Wigwam schaue. Mir fiel auf, dass einige Blätter des Geißblattes braun geworden waren und hatte schon die Befürchtung, dass sie von einer Krankheit befallen sein könnten, aber nachdem ich sie gewässert hatte, schienen sie sich zu erholen. Vermutlich ist der Boden direkt am Schuppen ziemlich nährstoffarm und muss im Herbst etwas verbessert werden.
In allen Beeten gibt es einige Bestände von Kornblumen (*Centaurea cyanus*), die sich aus den Pflanzen des letzten Jahres selbstausgesät haben, und deren kurzlebige, zarte Blüten ich besonders schätze. Obwohl sie recht hoch sind und oft im Vordergrund des Beetes stehen, sind sie ein wenig wie das Eisenkraut (*Verbena bonariensis*), das später Saison hat – sie behindern die Sicht nicht und das fast unwirkliche Blau der Blüten scheint vor einem zu schweben. Ich wünschte nur, ich hätte mehr von ihnen. Für nächstes Jahr sollte ich mir vormerken, mehr Setzlinge zu ziehen.
Meine einzige Pfingstrose (*Paeonia lactiflora* 'Felix Crousse') hat, wie es bei Pfingstrosen üblich ist, für einen allzu kurzen Moment der Herrlichkeit geblüht. Sie hat dieses Jahr zwei Blüten hervorgebracht, wobei sich eine Handvoll Knospen nicht entwickelt hat.
Ich habe nachgelesen und vermute, es liegt daran, dass die Pflanze noch jung ist (zwei Sommer alt) und das Frühjahr trocken war. Offenbar muss sich ihr Wurzelsystem für eine üppige Blüte bis zu fünf Jahre lang ausbilden, zudem sind sie recht empfindlich gegenüber zu viel Schatten und zu viel Regen – oder zu wenig! Wie in allen Gärten gedeihen einige Pflanzen gut, andere nicht, und da die Bedingungen von Jahr zu Jahr unterschiedlich sind, ist es normal, dass Erfolg und Misserfolg Hand in Hand gehen.
Im Gemüsebeet sind die Tomaten jetzt gut etabliert und tragen bereits einige Fruchtstände. Die 'Tigerella'-Tomaten gehören zu den Rankengewächsen und bei deren Anbau sind einige wichtige Dinge zu beachten. Die Sei-

Links Lilafarbener Schlafmohn (*Papaver somniferum*)

Kornblumen und Fingerhut (Mitte) wirken wie Bienenmagneten im Garten (rechts)

tentriebe sollten regelmäßig ausgegeizt werden (es sei denn, es handelt sich um eine buschartige Pflanze). Sie wachsen zwischen den Hauptblättern und dem Stamm und müssen entfernt werden, damit die Pflanze ihre Energie in die Fruchtbildung und nicht in die Blattbildung steckt. Sobald sie vier oder fünf Fruchtstände gebildet hat, kann die Pflanze durch Abknipsen der Triebspitze „gestoppt" werden. Dadurch können sich die Früchte richtig entwickeln und reifen. Außerdem schätzen Tomaten eine gute Versorgung mit Nährstoffen, denn es sind Starkzehrer. Sie brauchen guten Kompost zum Wachsen und eine zusätzliche Düngung, wenn sich die Früchte bilden. Ich verwende biologischen Flüssigdünger aus dem Handel. Viele Leute haben auch ihre eigenen, streng gehüteten Geheimrezepte für die Herstellung von Flüssigdünger.

Neben den Tomaten wachsen auch ein paar Saubohnen, die jetzt mit Schoten beladen sind. Sie zählen zu meinem absoluten Lieblingsgemüse, denn sie lassen sich leicht anbauen. Die Blüten sind bei den Bienen sehr beliebt, und einige Sorten haben sogar rote Blüten statt der üblichen weißen. Bohnen sind relativ unproblematisch – solange man sie ein wenig stützt und die Spitzen abschneidet, wenn die Schwarze Bohnenblattlaus kommt (und das wird sie!), ist die Versorgung mit Bohnen den ganzen Frühsommer über gewährleistet. Die Blattläuse lieben das frische Grün und die weichen Spitzen der Pflanze, und sobald diese entfernt werden, scheinen sie das Interesse zu verlieren.

Links Im Gemüsebeet haben die 'Tigerella'-Tomaten zwischen Fingerhut, Mohn und Lavendel einen Wachstumsschub

Oben Erntezeit für die Ackerbohnen, nebenbei kann man Blumen und eine Handvoll Kräuter schneiden

DIE STARS DES COTTAGE-GARTENS IM FRÜHSOMMER

DUFTENDE NELKE

Bartnelken und Federnelken gehören zur Familie der Dianthusgewächse und sind klassische Favoriten im Cottage-Garten. Hier blühen sie schon seit Wochen in voller Pracht. Wenn man ganz nah heran geht und genau hinsieht (z. B. mit einem Makroobjektiv), erkennt man die feine Zeichnung auf den Blütenblättern. Bartnelken (*Dianthus barbatus*) sind zweijährig – ein Lebenszyklus, bei dem die Samen in einem Jahr ausgesät werden und die Pflanzen im nächsten Jahr blühen – und haben eine gefranste grüne Halskrause unter ihrem flachen frühsommerlichen Blütenkopf. Sie sind einfach zu kultivieren und werden am besten in „Drifts", schmalen, leicht versetzten Streifen, am Rande des Beetes gepflanzt. Das Blattwerk der mehrjährigen Federnelken ist graugrün. Sie haben die erstaunliche Fähigkeit, auch nach Wochen in der Vase noch frisch auszusehen.

Linke Seite

Feder-Nelken haben zarte graugrüne Blätter, einen intensiven Duft und herrliche Blüten

Rechte Seite

Oben Eine namenlose Rose, die ich geerbt habe; ihre neue Vitalität ist das Ergebnis von viel Mulchen und einem guten Frühjahrsschnitt

Unten *Allium* 'Purple Sensation'

FINGERHÜTE UND ROSEN

Der Fingerhut gehört zu den Klassikern im Cottage-Garten und ist bei uns eine einheimische Pflanze. Seine spitzen Blütenköpfe ragen über die Beete hinaus und sind wahre Leuchttürme für Hummeln. Die Blüten sind in der Regel dunkelrosa mit einem gefleckten Blütenkranz, aber auch die weiße Variante ist wunderschön und kommt in schattigen Bereichen des Gartens besonders gut zur Geltung. Fingerhut ist zweijährig und sät sich leicht selbst aus. Ich ziehe jedes Jahr einige Exemplare in Aussaatschalen, um einen ausreichenden Vorrat zu haben. Außerdem kann man sie leicht umpflanzen, wenn man einen Setzling an der „falschen" Stelle findet. Achten Sie darauf, einige Blütenköpfe stehen zu lassen, damit sich die Samen im Garten ausbreiten können. Es gibt noch andere Arten von Fingerhut, aber die verbreitete *Digitalis purpurea* ist die bekannteste und eine unverkennbare Cottage-Pflanze.

Im Frühsommer blühen die Rosen, einige sogar bis zum frühen Herbst oder noch darüber hinaus. Die romantischen, wunderschönen und oft wunderbar duftenden Pflanzen gibt es als Strauchrosen, Kletterrosen, Rambler, Tee-Hybriden, Minirosen, Beetrosen, Alte Rosen oder moderne Sorten. Manche wachsen in unglaubliche Höhen, indem sie an Bäumen hochranken, während andere gut in einem Topf gedeihen. Es gibt tausende von Sorten; einige blühen wiederholt, andere sind krankheitsresistent, und es gibt sogar dornenlose Rosen. Mit Rosen samt Begleitpflanzen drum herum verleihe ich meinem Beet Struktur. Rosen benötigen etwas Pflege und Aufmerksamkeit und können für verschiedene Probleme anfällig sein, aber die Rosen, die ich von David Austin bekommen habe, waren bislang frei von Krankheiten. In der Beetmitte habe ich 'Gabriel Oak' gepflanzt, und 'Claire Austin' klettert über Metallbögen, die ich entlang

Oben Nachtviole 'Alba' (links) und Rittersporn (rechts) sind perfekte Gefährten im Sommerbeet

Rechte Seite

Links Balkan-Storchschnabel (*Geranium macrorrhizum*)

Rechts Duftende Platterbse

des Weges platziert habe. Zwischen den Rosen und in allen Beeten blüht im Frühsommer *Allium* 'Purple Sensation', eine mittelhohe Zwiebelblume. Sie ist so einfach und zuverlässig zu ziehen, duftet süß und hat wunderbare kugelförmige Samenköpfe, die bis zum Spätherbst für Struktur sorgen. Danach beginnen die Stängel zu brechen und auseinanderzufallen, dafür können sie leicht getrocknet werden und im Haus als hübsche Erinnerung an ihre vergangene Pracht dienen. Es gibt viele verschiedene Allium-Arten (einschließlich verschiedener Zwiebeln, die man im Gemüsebeet findet), und einige haben wirklich riesige Blütenköpfe mit einzelnen sternförmigen Blüten. Ich ziehe ein kleines, leuchtend gelbes *Allium moly* (daher auch Goldlauch genannt) an der Basis eines tiefvioletten Dickblattgewächses – eine absolut bemerkenswerte Kombination.

KURZLEBIGE PFLANZEN (*EPHEMERE*)

Die Nachtviole (*Hesperis matronalis*) ist eine sehr attraktive zweijährige Pflanze, die vor allem am Abend duftet. Sie ähnelt ein wenig dem Einjährigen Silberblatt (*Lunaria annua*) und sät sich selbst aus, sodass sie oft in Cottage-Gärten zu finden ist. Meist blüht sie rosa oder weiß und lockt bekanntermaßen Bienen, Schmetterlinge und andere nützliche Insekten an.

Rittersporne sind hohe Pflanzen mit attraktiven Blüten, und hervorragend als Schnittblumen geeignet. Sie müssen gestützt werden und sind ein wenig anfällig für Schnecken, aber dafür bieten sie einen echten Blickfang im Garten. Rittersporn ist eine mehrjährige Pflanze, während der Lerchensporn einjährig ist. Beide gibt es in Blau-, Rosa-, Rot-, Weiß- und Violetttönen. Sie mögen einen durchläs-

sigen Boden an einem sonnigen und geschützten Standort. Ich baue den einjährigen Riesen-Rittersporn (*Consolida ajacis*) an, der sich so leicht selbstaussät, dass ich viele der Setzlinge vorsichtig herausnehmen muss. Duftende Platterbsen brauchen etwas, an dem sie nach oben wachsen können, und ein Bambusgeflecht geschmückt mit ihren rosa, violetten, weißen und roten Blüten ist der Inbegriff eines „Cottage-Gartens". Sie duften herrlich und halten sich gut in einer Vase. Im Wettbewerb um die beste Duftende Platterbse auf den traditionellen, ländlichen Blumen- und Gemüse-Ausstellungen ist der Sieg hart umkämpft. Bei der Anzucht aus Samen gibt es viele Kniffe, wie z. B. das Anritzen oder Einweichen der Samen über Nacht vor der Aussaat, aber grundsätzlich werden sie im Winter ausgesät und in einer frostfreien Umgebung aufbewahrt, bevor sie im Frühjahr gepflanzt werden. (Alternativ kann man sie auch im Frühjahr aussäen, wenn die Überwinterung der Jungpflanzen schwierig ist.) Geben Sie ihnen ein Gerüst, das sie bewachsen können, und entfernen Sie die welken Blüten, damit die Blütenpracht lange andauert.

LANGLEBIGE WINTERHARTE GERANIEN

Geranien gibt es in vielen Formen, sie sind mehrjährig und winterhart (und nicht zu verwechseln mit Pelargonien, einer zarten Staude, die oft als Geranie bezeichnet wird). In der Regel blühen sie rosa, weiß, blau oder irgendetwas dazwischen. Einige blühen im zeitigen Frühjahr, aber die meisten im Sommer. Wenn Sie sie im Hochsommer stark zurückschneiden, wächst das Blätterwerk erstaunlich schnell nach und Sie können sich

Unten links Dill ist ein nützliches Küchenkraut und sieht dazu noch hübsch aus

Unten rechts Die Rote Spornblume (*Centranthus ruber*) ist sehr attraktiv für Motten und Bienen

Rechte Seite

Garten in Somerset: Dieses Geißblatt überwuchert eine alte Gartenbank

über eine zweite Blütenpracht freuen. Der Rückschnitt kann auch den Nachbarpflanzen zugutekommen, da die Blätter schlaff werden und auf andere Pflanzen fallen, die dann verdeckt werden. Geranien sind ein hervorragender Bodendecker, der beim Ausbreiten Lücken füllt. Wenn sie sich zu sehr ausbreiten, können die äußersten Pflanzen herausgezogen und an anderer Stelle eingepflanzt werden.

TIERFREUNDLICHE PFLANZEN

Doldenblütler sind ein beliebter Bestandteil des Cottage-Gartens und kommen besonders im Früh- bis Hochsommer zur Geltung. Es gibt viele wilde Arten (z. B. Wiesenkerbel, Wilde Möhre, Bärenklau und Gewöhnlicher Knollenkümmel), die wir in heimischen Gärten jedoch eher meiden, da sie sehr invasiv sein können, eine große Anzahl von Samen

Oben links *Papaver somniferum* (Schlafmohn)
Oben rechts *Papaver rhoeas* (Klatschmohn)
Unten links *Papaver somniferum* 'Danish Flag'
Unten rechts *Papaver nudicaule* (Islandmohn)

haben und einige Arten auch sehr giftig sind. Doldenblütler haben schirmförmige Blütenköpfe, die Insekten anlocken. Sie sind also fabelhafte Pflanzen für einen tierfreundlichen Garten, und viele verwenden wir in der Küche als Kräuter (Dill und Fenchel beispielsweise). Die Engelwurz ist ein gutes Beispiel für eine Gartenpflanze mit kulinarischem Nutzen, die Insekten anlockt und zudem eine sehr schöne Zierpflanze abgibt. Sie ist zweijährig und lässt sich leicht aus Samen vermehren. Ich pflanze die Bischofsblume (*Ammi majus*) an, deren große, beeindruckende Köpfe mit zarten Blütenblättern sich hervorragend als Schnittblumen eignen. Jedes Jahr freue ich mich darauf, „unsere" Taubenschwänzchen zu sehen. Im Frühjahr und Frühsommer fliegen diese erstaunlichen kleinen Falter vom Kontinent herüber und tauchen überall im Vereinigten Königreich auf, vor allem aber in den südlichen Bezirken. Eine ihrer Lieblingspflanzen ist die Rote Spornblume (*Centranthus ruber*). Ihre Blüten sind entweder rot, rosa oder weiß und sehen wunderschön aus, wenn sie in oder auf Mauern wächst. Allerdings sollte man vorsichtig sein, denn ihre Wurzeln können das Mauerwerk beschädigen, und sie verbreitet sich schnell. Der Frauenmantel (*Alchemilla mollis*) ist eine mehrjährige, weichblättrige Pflanze mit üppigen, gelb-grünen Blüten. Seine Blätter sammeln die Tautropfen oder den Regen, er wächst in Ritzen oder zwischen Pflastersteinen und ist eine beliebte Blume für die Vase oder ein Gesteck. Frauenmantel lässt sich leicht aus Samen oder durch Teilung vermehren, erfordert wenig Pflege und ist eine ideale Begleitpflanze, die einen zartgrünen Hintergrund bildet und den Boden üppig bedeckt, wenn man sie sich ausbreiten lässt. Im Spätsommer, wenn sie verblüht ist und die Pflanze verwildert, sollte sie zurückgeschnitten werden, damit sie ein neues und frisches Grün ausbildet. (So verhindert man auch einen Wald von Setzlingen.)

Das Geißblatt (*Lonicera periclymenum*) ist eine Kletterpflanze und in Cottage-Gärten des Vereinigten Königreichs heimisch. Zu ihrer Familie zählen auch Sträucher, die für Formschnitt oder Hecken genutzt werden können, die bekanntere Garten-Sorte ist die kletternde und für Bienen attraktive 'Woodbine', wie sie früher genannt wurde. Sie duftet herrlich und im Herbst trägt sie Beeren, die von den Vögeln geliebt werden (für Menschen aber giftig sind). Die röhrenförmigen Blüten sind meist gelb, weiß oder rosa und blühen bis in den Herbst hinein. Halten Sie den Boden um die Pflanze herum feucht, um Mehltau zu vermeiden, und düngen Sie den Boden im Frühjahr gelegentlich. Geißblatt passt besonders gut zu Rosen.

PRÄCHTIGE MOHNBLUMEN

Wenn wir über den Cottage-Garten im Frühsommer sprechen, dürfen wir die Mohngewächse nicht unerwähnt lassen. Davon gibt es viele Arten, vom bescheidenen, einjährigen Klatschmohn (*Papaver rhoeas*) mit Kultcharakter, der auf verwilderten Böden wächst und ein starkes Symbol für den Ersten Weltkrieg – und all die gefallenen Soldaten – darstellt, bis hin zum stattlichen, üppigen und mehrjährigen Orientalischen Mohn (*Papaver orientale*), der meist rosa, rot oder weiß ist. Es gibt auch Schlafmohn, Isländischen Mohn, Kalifornischen Mohn, Wald-Scheinmohn und sogar Mohn aus dem Himalaya. Schlafmohn (*Papaver somniferum*) ist eine hohe einjährige Pflanze mit schönen Farben (ich habe 'Danish Flag', eine ziemlich verrückt gefranste Version mit roten und weißen Blütenblättern). Der mehrjährige Wald-Scheinmohn (*Papaver cambricum*) taucht im Frühjahr und den ganzen Sommer über immer wieder auf und sät sich frei aus.

WAS IM FRÜHSOMMERLICHEN GARTEN ZU TUN IST

Der Frühsommer ist eine spannende Zeit im Kalender eines Gärtners. Es scheint, als würde der ganze Garten gleichzeitig nach oben und außen drängen, überall sieht man frisches Grün und leuchtende Farben.

Alle Pflanzen, die den Winter im Beet überlebt hatten, haben sich im Frühling gegen die neuen Pflanzen aus dem Gewächshaus oder von der Fensterbank behauptet. Jetzt kämpfen diese Pflanzen mit aller Kraft um Platz in Ihrem vollgepackten Garten. Achten Sie jedoch auf Verluste – ein geschätztes kleines Exemplar, das sorgfältig an der besten Stelle platziert wurde, könnte plötzlich verdrängt worden sein und liegt möglicherweise ruhend oder – noch

schlimmer – abgestorben unter einer viel erfolgreicheren Pflanze. Behalten Sie also alles im Auge, pflanzen Sie schnell wachsende Pflanzen ein und stützen Sie solche, die in die Höhe zu schießen drohen – lieber jetzt als später, wenn die Pflanze zu schnell gewachsen ist und Sie verzweifelt versuchen müssen, einen übergroßen, unhandlichen Titanen zu stützen! Tulpen können nach dem Absterben des Grüns aus den Töpfen genommen und für den Herbst aufbewahrt werden, und ihre Gefäße können für eine andere Bepflanzung wiederverwendet werden. Wenn Sie die Zwiebeln ausgraben, entfernen Sie alle faulen oder losen Schalen, schneiden Sie das Blattwerk ab und lassen Sie die Zwiebeln ein paar Tage lang trocknen. Anschließend werden sie in einem belüfteten Behälter an einem trockenen und kühlen Ort bis zum Herbst aufbewahrt. Einige lagern die Zwiebeln in Säcken oder alten Netzen. Tulpen im Garten wachsen nach dem ersten Jahr oft nicht mehr so gut. Deshalb pflanze ich die Tulpen, die in Töpfen saßen, gerne an den Rand des Beetes, wo sie leicht zu erreichen sind, wenn man sie im nächsten Jahr für eine Vase pflücken möchte.

Das „Unkraut“ unter Kontrolle zu halten, steht immer ganz oben auf der To-Do-Liste eines Gärtners, und zu dieser Jahreszeit ist es besonders wichtig. Sosehr man glaubt, alles im Griff zu haben, kaum kehrt man ihm den Rücken zu, ist es wieder 15 cm hoch. Wie wir wissen, handelt es sich bei einem Cottage-Garten um eine ungezwungene, sanft gelenkte Pflanzensammlung, die ebenso auf Zufällen wie auf einer sorgfältigen Planung beruht, daher ist es wichtig, ein paar „Unkräuter“ stehen zu lassen. Unter meinem Vogelhäuschen wächst ein schöner Bestand an Karden, und es war ein Glücksfall, dass ich als Wildblumenliebhaber die jungen Setzlinge erkannte, als sie heranwuchsen (sie haben einen charakteristischen weißen Streifen in der Mitte der Blätter), deshalb durften sie bleiben. Allerdings gibt es Pflanzen, die ich definitiv nicht verdrängt haben möchte, und ein ordentlicher Durchgang mit der Hacke ist sowohl nützlich als auch auf seltsame Weise meditativ.

Wenn Sie sich die Frühsommerbeete ansehen, werden Sie wahrscheinlich Lücken entdecken. Im Moment sind meine Vergissmeinnicht, die in diesem Jahr gut gediehen sind, verblüht, und ich ziehe riesige, wuchernde Flächen davon heraus. Obwohl sie dazu neigen, an den kleinsten Stellen hochzuklettern und durch Lücken zu wachsen, sind die freien Stellen deutlich sichtbar, also ist es gut, etwas für später einzuplanen. Ich möchte, dass der Garten ein ständiges Farbenspiel und Abwechslung bietet, daher ist die gestaffelte Bepflanzung wichtig. Die Dahlien, die

Linke Seite

Beide Bilder Der Garten muss von einigen Vergissmeinnicht-Pflanzen (*Myosotis sylvatica*) befreit werden. Ich hacke die Beete, um überschüssige Setzlinge zu entfernen

Rechte Seite

Dahlien, die im Gewächshaus vorgezogen und an die Bedingungen im Freien gewöhnt wurden, sind bereit zum Auspflanzen

Eine der befriedigendsten Gartenarbeiten: das Abknipsen welker Blütenköpfe

ich letztes Jahr gerettet und in einem Pappkarton im Geräteschuppen aufbewahrt habe, wurden in Töpfe umgepflanzt und sind nun bereit für ihren großen Auftritt. Ich habe sie ein oder zwei Wochen draußen im Frühbeet stehen lassen und kann sie jetzt in die Lücken setzen. In traditionellen Cottage-Gärten wurden Dahlien oft ins Gemüsebeet gepflanzt, häufig in einer Reihe. Sie wurden angebaut, um für Vasen im Haus oder für die Dorf-Ausstellung geschnitten zu werden, und profitierten von der gut vorbereiteten, reichhaltigen Erde des Gemüsebeets. Da ich dafür nicht wirklich Platz habe, verwende ich die Dahlien als Lückenfüller; sie wachsen schnell, sind zum Teil recht hoch und sorgen bis in den Herbst hinein für Farbe. Achten Sie auf Schnecken (sucht man in einer feuchten Nacht mit einer Taschenlampe, findet man sie zahlreich), und stützen Sie ihre Stängel ab, die ziemlich brüchig sind. Eine andere Möglichkeit, Lücken zu füllen, bieten mit hohen Zwiebelblumen wie Lilien bepflanzte Töpfe. Diese können umgestellt werden, und da Lilien eher hoch als breit wachsen, kann man sie in kleinere Lücken setzen, wo sie sofort zur Geltung kommen. Andere Lückenfüller sind einjährige Pflanzen wie Mohnblumen, die schnell wachsen und bis zum Herbst für Farbe sorgen. Streuen Sie die Samen aus, wenn Sie Lücken sehen.

Wie bereits erwähnt, sehen die Rosen im Frühsommer wunderschön aus, aber trotzdem fallen bei ihnen so einige Aufgaben an. Binden Sie die langen Triebe von etablierten Kletterrosen waagerecht an, denn das fördert die Blüte im nächsten Jahr. Die Hauptaufgabe einer Pflanze besteht darin, Blumen und folglich Samenstände zu produzieren. Wenn Sie also die welken Köpfe abschneiden, bevor sie Samen entwickeln, wird die Pflanze erneut versuchen zu blühen. Das Abschneiden der Blütenköpfe ist auch eine beruhigende und angenehme Arbeit, die einem die Möglichkeit gibt, sich den Garten in Ruhe anzuschauen; zweifellos wird man dabei weitere Aufgaben entdecken, aber ich finde es trotzdem sehr entspannend.

Aufgaben im Frühsommer

1 Tulpenzwiebeln nach der Blüte ausgraben und einlagern.

2 Abstützen von hochwachsenden Stauden, wie Stockrosen und Rittersporn, mit einem stabilen Stab.

3 Waagrechtes Anbinden von neuen Trieben bei Kletterrosen an Stützen, damit sie im nächsten Jahr häufiger blühen.

4 Füllen der Lücken in Beeten mit hochwachsenden Blumenzwiebeln, wie z.B. Duftlilien, um sofort Farbe ins Spiel zu bringen.

5 Verteilen von Mulch um durstige Pflanzen, wie Bohnen und Zucchini, damit die Feuchtigkeit um ihre Wurzeln herum gehalten wird.

6 Gemüse und Tomaten regelmäßig mit Tomatendünger versorgen.

7 Nach dem letzten Frost Dahlienknollen und Blumenrohr (*Canna*) auspflanzen.

8 Aussaat von einjährigen Pflanzen, wie kalifornischem Mohn, in die Beetlücken, um vom Hochsommer bis in den Herbst hinein für Farbe zu sorgen.

9 Nach dem letzten Frost Sommerbeete anlegen und zarte einjährige Pflanzen, wie Sonnenblumen, Kosmeen und Kapuzinerkresse, einpflanzen.

10 Schneckenbestände durch regelmäßige Jagd am Abend, besonders bei feuchtem Wetter, reduzieren.

EIN PROJEKT FÜR EINEN FRÜHSOMMERTAG

Auspflanzen von Löwenmäulchen und anderen zarten Setzlingen

Eine Fläche für die Pflanzen vorbereiten und ein ausreichend großes Loch graben

Positionieren der kleinen Pflanze

Die Erde um die Pflanze festdrücken

Pflanze wässern

Links Sommerlich bepflanzte Töpfe mit Schafgarbe 'Walther Funcke', umgeben von Zauberglöckchen (*Calibrachoas*) in kleinen Terrakottatöpfen

Unten (beide Bilder) Ich finde, ein Arrangement aus kleinen Töpfen sieht oft am besten aus. Man kann sie leicht austauschen und neu anordnen, wenn Pflanzen eingehen oder andere nachrücken

TÖPFE UND PFLANZGEFÄSSE IM FRÜHSOMMER

Die Ankunft des Sommers bringt auf einmal längere Tage, (hoffentlich!) wärmeres Wetter und eine Fülle von neuen blühenden und grünenden Pflanzen mit sich, die sich gut in Pflanzkübeln machen.

Das Flair eines Cottage-Gartens kann auf der Terrasse oder im Innenhof, an der Hintertür, auf dem Stadtbalkon oder im Blumenkasten entstehen. Die Bepflanzung sollte zwanglos, gemischt und vielleicht sogar ein wenig exzentrisch sein. Denken Sie an recycelte Töpfe und Gefäße aller Art, Pflanzen aus dem Garten, Gemüse oder Kräuter und sogar Gartenzwerge.

Die Auswahl an Pflanzen, die es zu dieser Jahreszeit zu kaufen gibt, ist natürlich riesig, aber vergessen Sie nicht, einige Pflanzen, die Sie aus Samen gezogen haben, für das Beet zurückzubehalten. Ich hatte dieses Jahr ein paar Schafgarben (*Achillea*) zu viel und mit einem günstigen Paar Gänseblümchen (ein Schnäppchen vom örtlichen Garagenfloh-

markt) und einem Rohrglanzgras (*Phalaris arundinacea*), das ich im Garten umgesetzt hatte, gaben sie in einer alten Blechwanne ein hübsches Bild ab. Mischen Sie die Pflanzen im Cottage-Stil, aber denken Sie an den Gesamteindruck. Nehmen Sie dafür unterschiedlich hohe Pflanzen, aber ordnen Sie sie so an, dass man die verschiedenen Elemente auch wirklich sieht. In diesem Fall wirkt das Gras zum Beispiel am besten im Hintergrund. Obwohl die Farben in einem Cottage-Garten in der Regel ein ziemlicher Mischmasch sind, ist ihre Wirkung bei kleineren Arrangements augenfälliger, daher sollten Sie eine Art Farbschema im Sinn behalten. Die als Topfpflanzen geeigneten Arten sind zahlreich. Unter den Beetpflanzen gibt es einjährige, in der Regel nicht-winterharte Arten, die eine Saison lang üppig blühen und sich gut in Töpfen oder als Lückenfüller in Beeten eignen. Die *Calibrachoa* (auch als Zauberglöckchen bekannt) ist ein gutes Beispiel: Sie ist in einer Reihe von Farben erhältlich, darunter Lavendel, Blau, Rosa, Rot, Magenta, Gelb, Orange, Koralle und Weiß. Als rankende Pflanze sieht sie am besten aus, wenn sie über die Ränder von Blumenkästen, Töpfen und Hängekörben hinausragt. Das Beste daran ist meiner Meinung nach, dass sie von Motten sehr geliebt wird. Ein schlagendes Argument, dass einjährige Beetpflanzen nicht gut für die Umwelt sind, ist ihre Herstellung. Meist werden sie in riesigen Gewächshäusern für den Verkauf gezüchtet, oft in Plastiktöpfen geliefert, und viele von ihnen haben keinerlei Nutzen für die Bestäubung durch Insekten. Außerdem müssen sie viel gegossen und künstlich gedüngt werden, damit sie den ganzen Sommer über blühen. Wenn Sie also Ihre eigenen Beete aus Samen anbauen können, wäre das eine große Hilfe, denn so hätten es auch die ursprünglichen Cottage-Gärtner gemacht. Säen Sie die Samen im Frühjahr auf der Fensterbank oder im Gewächshaus aus, und akklimatisieren Sie diese langsam, sobald sie gekeimt und pikiert

Links London: Viele frühsommerlich bepflanzte Töpfe im Garten von Julie Quinn enthalten Gräser, die den Großteil des Jahres überdauern werden

Mitte Ein altes Holzfass als hübscher Blickfang

Rechts Eine Sammlung von Töpfen im Cottage-Garten-Stil. Der Elfensporn (*Diascia*) im großen Topf blüht monatelang

worden sind. Und wenn wir schon über umweltfreundlichere Anbaumethoden für einjährige Pflanzen sprechen: Verwenden Sie zum Gießen der Töpfe Ihre Regentonne und stellen Sie Ihren eigenen Dünger her. Eine einfache Mischung lässt sich aus Borretsch (eine unserer Lieblingspflanzen im Garten) und einem Eimer Wasser herstellen. Füllen Sie den Eimer etwa zur Hälfte mit grob gehackten Blättern, Stängeln und Blüten des Borretsch. Machen Sie den Eimer richtig voll und füllen Sie ihn dann mit Wasser auf. Sie können Leitungswasser oder Wasser aus einer Regentonne nehmen oder den Vorgang beschleunigen, indem Sie heißes (aber nicht kochendes) Wasser verwenden. Stellen Sie den Eimer einen Tag lang in die Sonne und decken Sie ihn mit einem feinen Netz ab, um die Eiablage von Insekten zu verhindern. Gießen Sie dann die Borretschblätter ab und füllen Sie die Mischung in eine Gießkanne. Verteilen Sie die Flüssigkeit auf dem Erdreich oder verwenden Sie eine Sprühflasche, um die Blätter Ihrer Pflanzen damit zu besprühen. Die Pflanzen sollten sehr schnell auf den Dünger ansprechen.

Weiterhin gibt es die Stauden, die entweder teilweise nicht winterhart sind (z. B. Fuchsienarten) und in einem Gewächshaus oder ähnlichem überwintert werden müssen, oder die winterharten (ein alter Favorit, *Erysimum* 'Bowles Mauve', ist eine gute Wahl), die nach der Verwendung in Töpfen natürlich ins Beet gepflanzt werden können. Einzeln in simple Tontöpfe gepflanzte Stauden können sehr nützlich sein. Sie eignen sich nicht nur hervorragend als einzelne Topfpflanzen, sondern lassen sich auch leicht mit anderen Pflanzen kombinieren oder als Lückenfüller ins Beet setzen. Vergessen Sie nicht, dass die Pflanzen in einem Topf regelmäßig gegossen und möglicherweise gedüngt werden müssen. Und nach ein paar Jahren sollten sie sogar umgetopft werden. Da sie mehrjährig sind, sollte man regelmäßig die welken Blüten abknipsen, damit sie immer schön blühen. Die

Auswahl an Stauden ist wirklich groß, aber man sollte sich für Pflanzen entscheiden, die von Bienen und anderen Insekten geliebt werden, wie z. B. Salbei, der bis zum ersten Frost blüht. Die beliebte Spornblume (*Centranthus ruber*) blüht in rot oder weiß und ist unwiderstehlich für das Taubenschwänzchen, das unseren Garten glücklicherweise oft besucht.

Auch viele Frühsommerzwiebeln machen sich gut in Töpfen, und die kleineren Schmucklilien (*Agapanthus*) sind neben Lilien und Gladiolen ein echter Hingucker. Wie immer müssen wir bei Blumenzwiebeln vorausschauend denken. Sie sollten entweder im Topf bleiben und zur richtigen Zeit hinausgestellt werden, oder jedes Jahr gepflanzt werden, normalerweise drei Monate im Voraus.

Die Wahl des Topfes bleibt Ihnen überlassen, aber ganz im Stil eines Cottage-Gartens sollte man Altes wiederverwenden und recyceln. Ich habe gerade einige Porzellanblümchen (*Saxifraga × urbium*) in ein zerbrochenes Küchensieb gepflanzt, was sehr schön aussieht. Das Sieb hat die richtige Form für die Pflanze, und die luftigen Blüten, die im späten Frühjahr und im Frühsommer erscheinen, sind purer „Cottage-Stil". Ich habe eine Sammlung von Blecheimern und vielen alten Terrakottatöpfen, aus denen ich wählen kann, und mein Rat wäre, die lokalen Anzeigenseiten in den sozialen Medien im Auge zu behalten und zu versuchen, erschwingliche Stücke zu kaufen. Außerdem sollten Sie nie etwas wegwerfen!

Oben links Spare in der Zeit, so hast du in der Not: Ein zerbrochenes Küchensieb wird zu einem interessanten Gefäß für Porzellanblümchen (*Saxifraga × urbium*)

Oben rechts Der Cottage-Garten von Helen Grimes zeigt sich in seiner ganzen Pracht

INSPIRIERENDE FRÜH-SOMMERGÄRTEN

Der Frühsommer ist in den meisten Gärten eine besonders schöne Zeit, vor allem jedoch im Cottage-Garten.

Die Farbkombinationen und sogar die Farbkontraste sind fesselnd, das Wachstumstempo ist erstaunlich, und die Art und Weise, wie die Natur jede Lücke zu füllen scheint, absolut faszinierend. Deshalb konnte ich mich nicht für einen einzelnen inspirierenden Garten in diesem Kapitel entscheiden. Ich habe das wirklich bahnbrechende Gravetye Manor in Sussex ausgewählt, wo Tom Coward und sein Team in großem Stil gärtnern, dabei aber immer die Art von Cottage-Gärten im Auge behalten, für die sein Schöpfer, William Robinson, berühmt wurde. Am anderen Ende der Skala befindet sich Helen Grimes‘ Old Stone Cottage in Beesands im Süden von Devon. Auf einem Küstengrundstück mit Blick über die Straße zum Strand steht ein perfekter Cottage-Garten voller Blumen: Edelwicken, Waldreben (*Clematis*), Rittersporn und Kosmeen bilden mit Dahlien und Schmucklilien ein dichtes, duftendes und farbenfrohes Potpourri, das viele Wochen Blütenpracht verspricht. Auch der Garten von Julia Thyers in Fernbank, Somerset, ein mit Töpfen vollgestopftes Grundstück in der Nähe von Bristol, bietet Blickfänge, Ausblicke und geheime Ecken. Und dann ist da noch der Garten von Piers Newth und Louise Allen in Oxfordshire, makellos gepflegt und voller Gartenutensilien, die von überall her zusammengetragen wurden.

Das ist eine bunte Mischung aus Gärten, aber ich hoffe, Sie erkennen den durchgängigen roten Faden. Diese Gärten sind in der Regel recht einfach angelegt und enthalten oft rustikale Elemente. Die üppige Bepflanzung mit einfachen, insektenfreundlichen Blumen wirkt zufällig. Höhe und Form der Pflanzen, darunter viele selbstausgesäte Sorten, sind unterschiedlich und sie klettern über Mauern und umeinander, wodurch es kein Stück kahlen Boden zu geben scheint. Der Platz wird gut genutzt, und ein Teil der Romantik des Cottage-Gartens besteht darin, dass man oft nicht weiß, wo man sich befindet – da sind versteckte Bereiche, unsichtbare Elemente und Überraschungen hinter jeder Ecke. Diese ertragreichen, saisonalen Gärten sind nicht pflegeleicht, sondern zeitaufwendig und planungsintensiv. Aber sie sind tierfreundliche Gärten, Gärten zum Schneiden von Blumensträußen und vor allem Gärten, die den Geist anregen. Eben Gärten für die Seele.

Links (beide Bilder) Oxfordshire: Piers Newth und Louise Allen haben diesen wunderschönen, authentischen Cottage-Garten angelegt

WAS MAN IM FRÜHSOMMER FOTOGRAFIEREN KANN

– plus Tipps und Tricks

Wo soll man da anfangen? Der Frühsommer ist wie eine Goldgrube für einen Garten-Fotografen. Überall ist so viel Farbe, die Blumenzwiebeln blühen so richtig auf, und unzählige andere Pflanzen genießen die Wärme der Sonne.

Die Rosen haben zu blühen begonnen, es gibt duftende Sträucher und einjährige Pflanzen in Hülle und Fülle. Da die Sonne nun höher am Himmel steht und ihre Kraft so richtig zur Geltung kommt, ist es wichtig, beim Fotografieren ans Licht zu denken. Da gibt es keine Abkürzung – Zeit, den Wecker zu stellen. Der frühe Morgen und vielleicht der späte Abend sind die Tageszeiten, zu denen man hinausgehen und fotografieren sollte. In der sogenannten „goldenen Stunde" steht die Sonne tief genug am Himmel, um ein weiches und gerichtetes Licht zu erzeugen. Texturen werden durch dieses weiche und schräge Licht hervorgehoben, es gibt weniger Kontraste und das Licht strahlt Wärme aus. Vergessen Sie nicht, die Ausrichtung des Gartens zu überprüfen, denn es gibt nichts Schlimmeres, als in aller Herrgottsfrühe aufzustehen, das Frühstück zu verpassen, Stativ und Kameratasche hinauszuschleppen, nur um festzustellen, dass der Garten nach Westen ausgerichtet ist und erst am Abend richtig Sonne abbekommt. Oder dass die große Eiche den Garten bis zum späten Vormittag verschattet. Wenn jedoch alles gut geht, gibt es nichts Schöneres, als die Sonne zu genießen, wenn sie hinter einem prächtigen Beet aufgeht und die Ränder der Blumen in einem sanften Licht erstrahlen lässt. Denken Sie auch daran, dass es am frühen Morgen oft noch windstill ist; so manches schöne Bild wurde schon durch eine Pflanze ruiniert, die einfach nicht stillhalten wollte!

Natürlich kann man zu jeder Tageszeit fotografieren, aber für ein wirklich gelungenes Bild braucht man gutes Licht. Im Sommer ist es zwar durchaus möglich, später am Tag zu fotografieren, jedoch müssen die Bedingungen dafür günstig sein. Eine ganz leichte

Oben Wales: Der stimmungsvolle Garten von Louisa Morgan, aufgenommen bei Sonnenuntergang

Linke Seite

Oberstes und mittleres Bild Frühsommer in Gravetye Manor

Unteres Bild Somerset: Prächtiger Blauregen in Julia Thyers Garten

Wolkendecke kann funktionieren, und die dadurch entstehende Weichheit eignet sich zum Beispiel gut für Pflanzenporträts. Wenn Sie jedoch weitläufige Panoramabilder mit Wow-Faktor aufnehmen möchten, sollten Sie zu Beginn oder gegen Ende des Tages fotografieren, wenn die Sonne näher am Horizont steht. Ich würde immer raten, falls möglich ein Stativ zu benutzen – der offensichtliche Grund dafür ist, dass die Kamera bei der Aufnahme nicht wackelt – aber ich denke auch, dass man dadurch (auf eine gute Art und Weise) langsamer wird und den Bildausschnitt überlegter gestaltet. Manchmal halte ich die Kamera auch in der Hand, und mit modernen Objektiven, die über einen eingebauten Bildstabilisator verfügen, ist das durchaus möglich. Außerdem kann man so kniffligere Positionen einnehmen und schneller arbeiten. Aber in der Regel empfiehlt es sich, ein Stativ zu verwenden – eines der wichtigsten Ausrüstungsgegenstände. Falls Sie mit dem Handy fotografieren, gilt ebenfalls der Ratschlag bezüglich des frühen Sonnenlichts, aber achten Sie auf Streulicht. Handykameras haben in der Regel keine Streulichtblende, was zu einem Problem werden kann. Zwar kann Streulicht durchaus stimmungsvoll wirken, verschlechtert aber meist nur das Bild und verringert den Kontrast. Um Streulicht zu verhindern, schirmen Sie mit der Hand das Sonnenlicht ab, das schräg auf das Handy fällt und reflektiert wird.

Elemente und Blickpunkte

Die frühen Cottage-Gärtner mit ihrer Tradition des „*make do and mend*" und ihrer Abneigung gegen Verschwendung, verschönerten ihre Gärten mit allem, was sie gerade zur Hand hatten.

Eine zerbrochene Teekanne kann eine kleine Kräuterpflanze beherbergen, und ein Eimer, der schon bessere Tage gesehen hat, kann mit Blumenzwiebeln aus dem Beet oder mit ein paar Stecklingen von den geliebten Nelken einer Freundin bepflanzt werden. Bögen kann man aus rustikalem, wiederverwendetem Holz bauen, und ein altes Apfelweinfass wird als Wasserfass für das Gemüsebeet wiederverwendet. Sogar die Architektur des Gartens ist Teil des Charmes: ein weiß gestrichener Lattenzaun oder eine alte Steinmauer, mit Efeu oder Geißblatt bewachsen, gehören ebenso zum „Look" eines Cottage-Gartens, wie ein sorgfältig angelegtes Beet voller Akelei und Vergissmeinnicht. Dabei ist die Wahl des Weges, der dieses Pflanzenparadies durchquert, ebenso wichtig wie die Mauern, die den Garten umgeben und abgrenzen. Werfen wir also einen Blick auf einige der Elemente, die den Charme eines Cottage-Gartens ausmachen – Elemente, die, mit etwas Fingerspitzengefühl in Ihren Garten integriert, wirken, als wären sie schon immer da gewesen.

WEGE

Auch wenn es selbstverständlich sein mag, aber oft ist der beste Weg derjenige, der am schnellsten zum Ziel führt. Etwa ein gerader Weg vom Gartentor zur Haustür. In meinem eigenen Garten habe ich darauf geachtet, dass die Wege eine großzügige Breite haben,

Links Caervallack Garten in Cornwall, im Hochsommer: Ein Bogen führt den Blick auf eine alte Gartenwalze und die dahinter liegende Mauer aus Pflastersteinen

Oben Prawle Point, Süd-Devon: Eine Gartentreppe aus Eisenbahnschwellen

breit genug für eine Schubkarre und dass die Pflanzen über die Wege wuchern können. Traditionell bestünde der Weg wahrscheinlich aus festgetretener Erde oder vielleicht aus einem mit ausrangierten Steinen zusammengeschusterten Pflaster. Heutzutage haben wir eine viel größere Auswahl an Bodenbelag, aber diese traditionellen Lösungen funktionieren gut und sind preisgünstig. Da mein Garten zu Beginn aus Rasen bestand, habe ich Graswege angelegt, mit Trittsteinen, die ich in der Umgebung gefunden habe. Kies ist eine gute Alternative und lässt sich leicht pflegen, erfordert aber in der Regel eine Begrenzung, damit der Kies nicht in die Beete gelangt. Auch hier sollte eine rustikale Einfassung im Cottage-Stil gewählt werden, mit Pflanzen, die sich auf dem Weg ausbreiten können und so das Gesamtbild auflockern. Ein Weg aus Backsteinen im Fischgrätenmuster sieht nicht nur romantisch aus, sondern ist auch praktisch, und wenn Sie auch noch alte Backsteine finden und so vor der Deponie retten, umso besser. Auch hier ist es schön, wenn Pflanzen dazwischen wachsen können und das Erscheinungsbild auflockern, also füllen Sie die Fugen nicht mit Zement, sondern mit Erde. Stufen sollten in einem Cottage-Garten einfach und rustikal sein. Sie können aus Stein oder vielleicht auch aus Holz (z. B. Eisenbahnschwellen) bestehen, aber achten Sie darauf, dass sie stabil und ordentlich gebaut sind. (Es gibt nichts Schlimmeres als wackelige Stufen!)

GARTENMÖBEL

Ein Teil des Charmes von Cottage-Gärten besteht in der irgendwie willkürlichen Mischung von Möbelstücken verschiedener Jahrzehnte, Materialien und Stilrichtungen. Recycling und Wiederverwendung waren für die Cottage-Bewohner selbstverständlich, und nur sehr wenig wurde verschwendet. Wenn Sie Glück haben, finden Sie im Internet oder beim Stöbern in Ihrem örtlichen Vintage- oder Antiquitätengeschäft ein nettes Schnäppchen. Denken Sie jedoch daran, dass ein Stuhl, so charmant rustikal er auch aussehen mag, solide genug sein sollte, um darauf zu sitzen!

Es gibt nichts Besseres, als am Ende eines anstrengenden Tages ein wohlverdientes Getränk im Garten zu genießen, sei es an einem Tisch oder vielleicht auf einer gut platzierten Bank. Diese standen oft in der Nähe der Haustür und waren einfach konstruiert, aus zwei starken Holzpfosten und einem Brett oben drauf, oder aus Stein, wenn er in der Gegend reichlich vorhanden war. Wofür auch immer Sie sich entscheiden, es wird auf jeden Fall von ein, zwei Jahren Verwitterung profitieren, damit es sich wirklich einfügt, und wenn Pflanzen in und um die Möbel herum wachsen, wird das Gesamtbild komplettiert. Holztische passen bestens in einen Cottage-Garten. Ein Freund von uns hat aus einer alten Tür (komplett mit Scharnieren und Schlössern) einen schönen, sehr rustikalen Tisch für unseren Terrassenbereich gebaut.

BÖGEN, PERGOLEN UND PFLANZENSTÜTZEN

Mit Rosen oder Geißblatt bepflanzte Bögen oder Pergolen sind ein typisches Merkmal von Cottage-Gärten und bilden einen perfekten Blickpunkt. Bögen, vor allem, wenn sie über Wege führen, verleihen dem Garten Höhe und Weite und lenken den Blick durch die Beete auf beiden Seiten. Sie können auch einen Bereich von einem anderen trennen. Da sie das ganze Jahr über stehenbleiben, sollten sie robust und witterungsbeständig sein, und falls sie aus Holz sind, ist es sinnvoll, sie zu behandeln. Ein Anstrich kann sehr schön sein, benötigt aber regelmäßige Pflege. Zwar

können Pflanzenstützen oft am Ende der Saison entfernt werden (wenn sie z. B. für einjährige Pflanzen verwendet wurden), aber auch hier sollten Sie sicherstellen, dass sie dem Wetter standhalten und fest im Boden verankert sind. Eine der wichtigsten Pflanzenstützen in meinem Garten ist ein einfaches Bündel aus Haselzweigen vom Feld eines Nachbarn. Praktischerweise gebogen und rau, trotzen die Zweige mittlerweile schon zwei Jahre Sonne und Regen. Ich habe auch ein paar recht elegante, verrostete Metallstützen in einfacher Obeliskenform, die den Beeten Form und Struktur verleihen.

DEKORATIVE ELEMENTE

Ich erinnere mich noch, wie ich vor vielen Jahren East Lambrook Manor in Somerset zum Fotografieren besuchte und eine verfallene, leicht bröckelnde Sonnenuhr sah, umgeben und überwuchert von Geranien. Dieses Bild wurde oft veröffentlicht, um den „Cottage-Garten-Stil" zu illustrieren. Eine einfache Vogeltränke in der Mitte eines Beetes oder vielleicht am Ende eines Weges als Blickfang, ergibt ebenfalls ein hübsches Bild. Sobald steinerne Dekoelemente einmal verwittert sind, wirken sie, als wären sie schon immer da gewesen.

Alte Gießkannen oder Wannen aus Blech, gefüllt mit rankenden Pflanzen, eignen sich hervorragend als Hingucker. Ich habe einen alten Wassertank vom Dachboden als riesigen Pflanzenbehälter verwendet. Oder wie wäre es mit einer alten, praktischerweise löchrigen Schubkarre als Pflanzgefäß? Schöne alte Gefäße, seien es gebrauchte Terrakottatöpfe von der örtlichen Mülldeponie, löchrige Eimer, kaputte Teekannen oder sogar ausgemusterte Siebe, sehen einfach toll aus. Auch alte und kaputte Gartengeräte lassen sich als Dekoration wiederverwenden. An meinem Schuppen hängen eine rostige Mistgabel und drei uralte

Oben Bowhay House: Ein traditioneller Grasweg im Cottage-Garten

Links Somerset: In Annie Stanfords Garten nehmen wuchernde Pflanzen eine alte Holzbank in Besitz

Rechte Seite

Oben Bowhay House: Ein rustikaler Tisch (einst eine Tür) auf der Backsteinterrasse

Mitte Bullock Horn Cottage in Wiltshire: Elegante Gartenmöbel im Schatten einer idylllischen Pergola

Unten Eine Sonnenuhr bildet einen hübschen Blickfang

Gartensiebe aus Metall, die jetzt vom Geißblatt überwuchert werden. Unter den vielen Dingen, die ich beim Umgraben der Beete gefunden habe, waren auch Hufeisen, die nun an die Schuppentür genagelt sind. (Offenbar war dies früher üblich und sollte Glück bringen.)

TORE UND TÜREN

Wir alle kennen die Funktion eines Tors oder einer Tür, aber abgesehen davon, dass sie den offensichtlichen Eingang oder Ausgang eines Gartens darstellen, kann ein Tor oder eine halboffene Tür den Betrachter visuell hineinführen und einen verlockenden Blick auf das bieten, was dahinter liegt. In der Fotografie ist es eine gängige Methode, den Bildraum mit einer halb geöffneten Tür zu füllen, damit der dahinter liegende Garten den Betrachter zum Eintreten verleitet. Hoftore sollten entsprechend rustikal sein und am besten aus Holz bestehen, aber auch ein einfaches, verrostetes Metalltor hat seinen Reiz. Natürlich kann man auch einen Bogen über das Tor bauen, vielleicht aus Holz und mit einer Kletterpflanze bedeckt, oder sogar, falls das Tor zwischen Hecken liegt, die Hecke darüber wachsen lassen. Cottage-Türen sind in der Regel einfache, oft gestrichene Holzbretter, deren Türstöcke mit einer Kletterpflanze verschönert wurden. Rosen und Geißblatt sind durch ihre weiche, zwanglose Wirkung eine gute Wahl, außerdem duften sie sehr schön. Vor allem wenn Sie eine Bank vor der Haustür haben, ist es Tradition, Duftpflanzen daneben zu setzen – vielleicht Stauden, Lavendel oder Tabak. So kann man mit wunderbarem Duft in der Nase den vor – oder hinter – einem liegenden Garten genießen.

TERRASSEN UND INNENHÖFE

Als wir in unser Haus einzogen, gab es eine ziemlich vernachlässigte Ecke mit einem Hochbeet, samt einer Reihe von Überbleibseln aus den Versuchen der vorherigen Bewohner, einen Gemüsegarten anzulegen. Bald war klar, dass die Stelle ausgewählt worden war, weil sie viel Nachmittagssonne abbekam, daher beschlossen wir, sie in eine kleine Terrasse zu verwandeln, um nachmittags dort zu sitzen und zu entspannen. Mit einigen alten, ausrangierten Ziegelsteinen von einem Schornstein, den ein Freund abgetragen hatte, baute ich eine gepflasterte Terrasse, auf der jetzt der rustikale Tisch steht, den ein anderer Freund aus einer alten Hoftür für uns angefertigt hat. Wie bei allen Bauprojekten kommt es auf die richtige Vorbereitung an: In diesem Fall musste der Boden eingeebnet und eine Unkrautfolie verlegt werden, bevor eine Sandschicht als Untergrund für die Ziegel verteilt wurde. (Wenn Sie sich bei etwas nicht sicher sind, sollten Sie einen Fachmann hinzuziehen – das spart Ihnen auf lange Sicht viel Geld – oder sich zumindest Anleitungsvideos im Internet ansehen.)

Überlegen Sie bei der Auswahl der Materialien, was die früheren Cottage-Bewohner getan hätten: recyceln und wiederverwenden. Nachhaltigkeit ist wichtig, und abgesehen davon, dass es besser für den Planeten ist, kommt es einem traditionellen Cottage-Garten viel näher. Ich habe Sand zwischen den Ziegeln verwendet, weil er durchlässig ist und Wasser abfließen kann (besonders wichtig, wenn man sich in einem Gebiet befindet, das zu Überschwemmungen neigt), außerdem können Pflanzen dazwischen wachsen, was wiederum besser für die Natur ist und die Terrasse auflockert. Sie können auch einige Pflanzen einsetzen; Frauenmantel, Thymian, Flohkraut, Kamille und einige der kleinen Sukkulenten passen sehr gut und sehen fabelhaft aus. (Vernachlässigen Sie aber auf keinen Fall das Jäten, denn manche Pflanzen setzen sich im Sand fest und wachsen dann

wie verrückt, sobald man einmal nicht hinsieht.) Wenn man einmal im Jahr feinen Sand aufträgt, sieht die Terrasse immer frisch aus.

BEGRENZUNGEN

Alle Gärten haben eine Begrenzung, sei es eine Hecke, ein Zaun oder eine Mauer, und eine Begrenzung ist ein ebenso wichtiger Teil des Gartens wie seine Mitte. Oft bieten die Umzäunungen eine Gelegenheit, Kletterpflanzen einzusetzen und dem Garten Höhe (und vielleicht auch Duft) zu verleihen. Die billig aussehenden behandelten Holzzäune, die man in Baumärkten kaufen kann, sind in einem Cottage-Garten oft deplatziert, doch mit Kletterpflanzen bedeckt, oder zumindest gestrichen, wirken sie schon deutlich harmonischer. Natürliche Materialien sind in einem Cottage-Garten immer am besten, und ein geflochtener Weidenzaun kann auch ohne Kletterpflanzen ein schönes Bild abgeben. Ein klassischer, weiß gestrichener Lattenzaun ist ein traditioneller Anblick in einem Cottage-Garten.

Niedrige Weidenhürden können auch als Abgrenzung von Beeten dienen. Auch wenn es nicht ganz einfach ist, sie selbst zu flechten, macht es trotzdem Spaß. Ein Freund von mir hat ein Weidenbeet, und war nur froh, dass ich ihm sein Schnittgut abgenommen habe. Der Nachmittag, an dem wir die Weidenzweige mit Haselstäben zu einer geschwungenen Beeteinfassung verflochten, hat sich in unseren Augen sehr gelohnt.

Steinmauern sind eine traditionelle Begrenzung im Cottage-Garten, auch wir besitzen eine am Rand eines Beetes. Sie ist mit Efeu bewachsen, und solange er nicht anfängt, über das Beet zu kriechen, sehe ich das Zurückschneiden gelassen. Efeu ist für viele Bienen und Schmetterlinge eine sehr wertvolle Pollenquelle im Herbst und Winter, und verleiht dem Garten eine weiche Wirkung.

Oben Efeu bedeckt eine Steinkugel

Mitte Ein Gartentor in Somerset

Unten Gloucestershire: Blick durchs Tor in den Garten von Vanessa Berridge

Die Steine der Mauer liegen offensichtlich schon lange dort (wahrscheinlich seit Hunderten von Jahren) und sind mit Flechten und Pfennigkraut bewachsen.

Bis eine Hecke gewachsen ist, braucht das natürlich eine Weile, aber falls Sie das Glück haben, dass bereits eine vorhanden ist, sollten Sie sie zu schätzen wissen. Hier in Devon, am Meer, ist Griselinia die beliebteste Heckenpflanze, ein immergrüner, salztoleranter und schnell wachsender Strauch mit schönem, zartgrünem Blattwerk. Ich habe meine Hecke so geformt, dass sie den Hügeln dahinter nachempfunden ist, und ihr üppiges Grün bietet den idealen Nistplatz für viele Amseln, Rotkehlchen und Zaunkönige. Eine gute Begrenzung kann ein Mikroklima schaffen – das Beet vor der Griselinia ist wesentlich trockener und geschützter, als der Rest des Gartens. Denken Sie daran, eine Hecke nicht während der Nistzeit der Vögel (März bis August) zurückzuschneiden. Hecken sind ein viel besserer Zufluchtsort für Wildtiere, als ein Zaun, selbst wenn er mit Kletterpflanzen bewachsen ist. Achten Sie immer auf die Bewohner!

Oben Bramble Torre in Devon: Ein gepflasterter runder Innenhof

Unten Bowhay House: Schattenwurf von trocknender Wäsche an einem geflochtenen Weidenzaun

3

SPÄT-SOMMER im Cottage-Garten

Bowhay House: Ruthenische Kugeldistel (*Echinops ritro* 'Veitch's Blue') und Montbretie (*Crocosmia* 'Fire King') bringen warme Farben ins Spätsommerbeet

BOWHAY HOUSE –

Eine Momentaufnahme des Spätsommers

Der Spätsommer hält Einzug und der Garten ist ein bisschen mitgenommen, denn dieser Juli war der feuchteste seit Beginn der Aufzeichnungen.

Eine hohe Stockrose hat die starken Winde dank eines Bambusgerüsts überstanden. Ein Großteil der Frühsommerfarben wurde aus den Beeten entfernt. Die Fingerhutstängel habe ich so lange stehen lassen, bis sie gut getrocknet und tiefbraun waren und die Samen sich über die Beete verstreut hatten. Vollständig zurückgeschnitten habe ich die Süßdolde. Dagegen halten sich die Kornblumen mit ihren unfassbar blauen Blüten weiterhin wacker. Ich habe sie im Frühjahr ausgesät und auf der Fensterbank gezogen (ich glaube, es handelt sich um *Centaurea cyanus* 'Blue Ball'), und sie zeigen eindrucksvoll, was man aus einem billigen Samenpaket in nur einem Jahr anbauen kann. Sie werden bis zu 1,5 Meter hoch und blühen schon seit Monaten. Bienen und Schwebfliegen sind ganz verrückt nach ihnen, und die Stieglitze haben ihren Jungen beigebracht, wie man die Samenköpfe auf der Suche nach Nahrung zerpflückt. Bis vor kurzem habe ich die meisten verblühten Köpfe entfernt, damit die Show weitergeht, aber jetzt lasse ich sie alle zu Samenköpfen werden, damit ich einen Vorrat für das nächste Jahr habe. Jetzt ist nämlich ein guter Zeitpunkt, um einjährige Pflanzen auszusäen, die dann im Frühjahr bereit sein werden.

Die Dahlien wachsen gut, obwohl nach einem trockenen Juni die Schnecken wieder aufgetaucht sind und sie etwas kahlgefressen haben. Meine Margariten (*Leucanthemum* 'Edgeworth Giant') sind dieses Jahr so groß wie Untertassen und verleihen dem Garten eine Art rhythmische Struktur. Ich habe einige von ihnen in regelmäßigen Abständen in die Beete gepflanzt, und obwohl sie bei schlechtem Wetter ramponiert und schlaff werden können, sind sie mit ein bisschen Zuwendung fabelhafte Dauerblüher. Sehr gut gedeihen auch die Stockrosen (*Alcea rosea*), von denen eine gut 2,5 Meter über das Beet hinausragt und der morgendlichen Aussicht

Sonnenblumen (links) und Dahlien (rechts) stehen in voller Blüte, die Bienen lassen es sich gut gehen

Rechte Seite

Die außergewöhnliche Höhe dieser Stockrose setzt einen perfekten vertikalen Akzent im Spätsommerbeet. Kornblumen, Rittersporn und Gänseblümchen bilden den Hintergrund

aus dem Schlafzimmerfenster Höhe und Extravaganz verleiht.

Das winzige Gemüsebeet hat eine gute Ernte an Saubohnen geliefert, obwohl wir nur eine Handvoll gepflanzt hatten. Als alle geerntet waren, habe ich die Pflanzen an der Basis abgeschnitten und die Wurzeln an Ort und Stelle gelassen. Wie andere Hülsenfrüchte haben auch Saubohnen Bakterien in ihren Wurzelknöllchen, die Stickstoff im Boden „binden" und so den Gehalt dieses wichtigen Bodennährstoffs erhöhen. An ihrer Stelle habe ich jetzt Dill gepflanzt, und dieser Doldenblütler ist nicht nur ein schmackhaftes Kraut im Salat und passt hervorragend zu Fisch, sondern ist auch ein echter Insektenmagnet. Ein weiterer Doldenblütler, den ich zu Beginn der Saison gepflanzt habe – nicht zum Essen, sondern für die Vase –, ist *Visnaga daucoides* 'Green Mist', früher bekannt als *Ammi visnaga*. Das Bischofskraut ist bei Insekten sehr beliebt und sein üppig grünes Blätterkleid ähnelt tatsächlich einem „grünen Nebel".

Meine aus Samen gezogenen Tomaten ('Tigerella') reifen jetzt gut und tragen vier oder fünf Rispen pro Pflanze. Bedauerlicherweise platzen einige Früchte auf, was auf die ungleichmäßige Bewässerung durch den übermäßigen Regen zurückzuführen ist. Sie schmecken immer noch gut (obwohl ich glaube, dass die allgegenwärtige 'Gardener's Delight', die ich letztes Jahr angebaut habe, einen besseren Geschmack hatte), und ich werde mit Adleraugen nach der gefürchteten Kraut- und Knollenfäule Ausschau halten, die Tomaten in einem feuchten Jahr befallen

kann. (Postskriptum: Nun ist Ende August und leider muss ich berichten, dass die Kraut- und Knollenfäule tatsächlich zugeschlagen hat und es nun grünes Tomatenchutney im Übermaß geben wird).

Alle Gärtnerinnen und Gärtner wissen, dass das Bestellen eines Gartens von Jahr zu Jahr und von Jahreszeit zu Jahreszeit nicht nur ein Sammeln von Saatgut und Pflanzen, sondern auch von Erfahrung und Weisheit bedeutet. So weiß ich zum Beispiel, dass es selbst in diesem kleinen Beet Bereiche gibt, die trockener, schattiger, feuchter oder sonniger sind. An manchen Stellen ist der Boden besser, an anderen pfeift der Wind stärker. Die Steinmauer, die den Boden auf einer Seite trocken hält, der Schatten, den das Haus spendet, und sogar die gewellte Hecke, die vor Wind schützt, sind alles Faktoren, die zu berücksichtigen sind. Mein Lieblingsbaum, ein wunderschöner alter Weißdorn, ist ein Paradies für Wildtiere, aber der Boden darunter ist sehr trocken. Im schattigen Beet am Rand des Gartens gedeihen Herbst-Anemonen (*Anemone* × *hybrida*) gut, aber leider war die Blüte in den letzten beiden Jahren etwas dürftig. Vermutlich haben sich die Wurzeln zu sehr verdichtet, daher habe ich beschlossen, den gesamten Bereich neu zu bepflanzen. Im Spätherbst werde ich einen Teil davon umgraben, um die Erde aufzulockern, und dann eine gute Mulchschicht aufbringen. In diesem Beet gibt es auch einen kleinen Kirschbaum (vielleicht *Prunus* 'Kursar', aber da bin ich mir nicht ganz sicher) und eine alte Hortensie, die beide gut gedeihen. Darunter schlängelt sich eine Reihe von Nieswurzpflanzen, die im Winter und im zeitigen Frühjahr gut zur Geltung kommen werden. Im Laufe dieses langen Sommers habe ich einige Stellen im Garten ausgemacht, die ein wenig überarbeitet werden mussten. Die selbstaussähenden Pflanzen haben im Großen

Links Bischofskraut (*Visnaga daucoides*) 'Green Mist' ist eine großartige Schnittblume

Mitte Das kleine Tomatenbeet liefert reiche Ernte

Rechts Üppiges Blumenbeet – der Spätsommergarten erstrahlt in seiner überbordenden Farbenpracht

und Ganzen gute Arbeit geleistet, aber in meinem Bestreben, Lücken zu schließen, habe ich definitiv zahlreiche Fehler gemacht. Einige der Dahlien, die ich im Frühsommer gepflanzt habe, ragen unschön heraus! Sie sind von Natur aus große und auffällige Blickpunkte, und mein größter Fehler war, sie letztes Jahr beim Ausgraben nicht zu beschriften und die Farbe zu notieren. Während ein Cottage-Garten normalerweise ein wahres Farben- und Formenmeer ist, wirkt die orange-bronzefarbene Dahlie neben einem stattlichen rosa Mädesüß (*Filipendula rubra* 'Venusta') eindeutig fehl am Platz. Im Oktober werde ich die Übeltäter herausziehen, sie beschriften und für das nächste Jahr einlagern. Der Spätsommer ist die Zeit des Jahres, in der all diese Fehler noch offensichtlicher werden. Der Garten wird nicht mehr von den rosa Fingerhüten oder den vertikalen Akzenten der Alliumpflanzen zusammengehalten. Die Bepflanzung kann dann unzusammenhängend wirken, und es entstehen Lücken, sodass die Unterschiede beieinanderstehender Pflanzen, die eigentlich nicht zusammenpassen, deutlicher hervortreten. Ich plane bereits für das nächste Jahr und werde mir jetzt schon Notizen machen, um einige dieser unpassenden Kombinationen zu vermeiden. Kein Geringerer als Christopher Lloyd, einer der größten „Gärtner der Farben" dieses Landes, sagte einmal: „Wenn Sie Farben lieben, dann probieren Sie ein paar ausgefallene Kombinationen aus, um zu sehen, wie Sie damit zurechtkommen. Orange mit Magenta, zum Beispiel. Ich finde, diese beiden Farben passen hervorragend zueinander." Also wagen Sie etwas!

Ein großer Vorteil bepflanzter Töpfe besteht darin, dass voll entwickelte Pflanzen sorgfältig positioniert werden können, um im Spätsommer entstehende Löcher zu füllen und so das kaputte „Geflecht" des Beetes zu flicken. In einer Lücke, die ein Fingerhut hinterlassen hat, steht nun ein Topf mit *Achillea* 'Walther

Funcke', deren fabelhafte, tief orangefarbene Blüten mir so gut gefielen, dass ich sie ins Beet umgetopft habe. Nächstes Jahr (es gibt immer ein nächstes Jahr) wird sie sich wohl ausbreiten und einen schönen Kontrast zu der allgegenwärtigen Jungfer im Grünen (*Nigella damascena*) bilden, die sich überall im Garten selbstaussät.
Der Spätsommer ist die Zeit, in der man aufkommende Setzlinge entdecken und unterstützen (oder auch ausgraben) kann. Wenn man genau hinsieht, entdeckt man viele, unter dem schützenden Dach ihrer Eltern versteckt, oder scheinbar meilenweit von den Pflanzen entfernt, die sie hervorgebracht haben. Die so genannte „Hundspetersilie" (*Aethusa cynapium*), eine einjährige Pflanze, ähnelt der essbaren Petersilie, gehört zur Gruppe der Doldenblütler und taucht überall auf. Doch Vorsicht, sie ist für uns Menschen giftig, jedoch sehr attraktiv für die Tierwelt und wirklich hübsch: sehr zart, mit einer bärtigen Dolde und feinem, filigranem Blattwerk. Ich jäte viel davon, weil sie sich stark vermehrt, aber lasse auch ein bisschen was stehen.
Sie wächst gut unter dem bereits erwähnten Weißdorn. Eine weitere Selbstaussaat, die ich in diesem Jahr gepflegt habe, ist die kleinblütige Königskerze (*Verbascum thapsus*), die wunderbare Rispen mit beeindruckenden gelben Blüten hervorbringt. Sie dient verschiedenen Insekten als Nahrung, insbesondere dem Königskerzenmönch, der sie zwar dezimieren kann, doch es lohnt sich, sie stehen zu lassen und zu versuchen, die Raupen von Hand abzusammeln (am besten, bevor sie zu groß werden). Als zweijährige Pflanze keimt sie im ersten Jahr aus Samen und blüht dann im zweiten Jahr. Einige habe ich vom Beet in kleine Töpfe umgepflanzt, um einen Vorrat für das nächste Jahr anzulegen, aber die meisten habe ich gelassen, wo sie sind. Die Raupen schlagen im späten Frühjahr zu, also halten Sie Ausschau nach ihnen!

Oben links Montbretie (*Crocosmia*) 'Star of the East'

Oben rechts Fetthenne (*Hylotelephium*) 'Sunset Cloud'

Unten links Eine namenlose rote Stockrose (*Alcea rosea*)

Unten rechts Margerite (*Leucanthemum vulgare*) 'Edgeworth Giant'

DIE STARS DES COTTAGE-GARTENS IM SPÄTSOMMER

STOCKROSEN UND ANDERES

Stockrosen sind vielleicht eine der schönsten und charmantesten Pflanzen im Cottage-Garten. Meine haben dieses Jahr eine Höhe von 2,5 Metern erreicht und sind trotz des Befalls durch den Malvenrost (*Puccinia malvacearum*) gut gewachsen. Sie können alle paar Jahre ausgetauscht werden, um die Auswirkungen des Rosts zu verringern, außerdem ist ein sauberes Beet ebenfalls hilfreich. Sammeln Sie befallene Blätter auf oder graben Sie stark befallene Pflanzen gleich ganz aus und verbrennen Sie diese. Mir gefallen die einfachen Blüten besser als die gefüllten (ich habe dieses Jahr einige 'Chater's Double' gepflanzt, aber sie wurden durch den Regen im Juli in Mitleidenschaft gezogen und sahen leider ziemlich braun und durchnässt aus). Sie stehen gerne an Wänden, was gut zu diesen hohen Pflanzen passt. Meine Favoriten sind die tiefroten Sorten.

Die Korbblütler sind eine riesige Pflanzengruppe, sodass ich sie hier nicht alle aufzählen kann, aber besonders gut gefallen mir die Margeriten, vor allem die langlebigen, mehrjährigen Arten wie unsere einheimische Magerwiesen-Margerite (*Leucanthemum vulgare*) und die Garten-Margerite (*L. × superbum*). Sie sind, wie viele Margeriten, weiß (oder auch zitronengelb), haben steife Stiele und blühen den ganzen Sommer über. Ein großes Exemplar Namens 'Edgeworth Giant', eignet sich hervorragend, um dem Beet über einen langen Zeitraum Struktur zu verleihen. Sie ist hoch genug, um den Hintergrund für viele andere Pflanzen zu bilden, und die einzelnen Blütenköpfe werden so groß wie Untertassen! Margeriten bevorzugen normalen Boden und ein wenig Sonne und können regelmäßig (alle paar Jahre) vermehrt werden. So erhält man kostenlos weitere Pflanzen.

Ich liebe die *Crocosmia*, eine Blume, die mich so sehr an das West Country und vor allem die Küste erinnert. Sie hat feurige, trichterförmige Blüten in verschiedenen Farben und schwertförmige Blätter, ist einfach zu züchten und kann vorsichtig im Garten verbreitet werden, indem man die Knollen (die wie abgeflachte Zwiebeln aussehen) ausgräbt und an anderer Stelle wieder einpflanzt. Einige von ihnen sind invasiv (achten Sie auf *Crocosmia × crocosmiiflora*) und sollten möglichst nicht vermehrt werden, aber im Allgemeinen sind sie im Spätsommer und Herbst ein schöner Anblick, der dem Beet Wärme verleiht. Vor dem Blau der Kugeldisteln (*Echinops ritro*) sehen sie wunderbar aus.

(GRÖSSTENTEILS) SONNENANBETER

Hylotelephium, auch bekannt als Fetthenne, ist eine sukkulente Staude mit großen, fla-

chen Blütenköpfen in Rot-, Rosa- und Weißtönen. Selbst rotblättrige und sogar einige buntblättrige Sorten existieren. Sie ist ein echter Dauerbrenner im Cottage-Garten, lässt sich leicht durch Teilung vermehren und wird gerne von Bienen und Schmetterlingen besucht. Bevorzugt wächst sie an sonnigen Standorten und blüht im Schatten nicht besonders gut.

Zurzeit mag ich ein Pflanzenensemble, das vor einem Weidenzaun wächst, besonders gern. Der Ziertabak (*Nicotiana alata)* und der so genannte Johannisbeer-Salbei (*Salvia microphylla var. microphylla*) passen gut zusammen und ihre Blüten bilden luftige Kissen in Rot, Grün und Weiß. Der Johannisbeer-Salbei lässt sich sehr leicht vermehren (indem man regelmäßig Stecklinge nimmt). Daher habe ich schon viel davon verteilt. Er kann den Winter im Freien überstehen, ich bewahre die Töpfe jedoch im Haus auf und bringe sie lieber erst im Frühjahr wieder ins Freie. Die Tabakpflanze zieht man am besten regelmäßig aus Samen, einige Leute sagen jedoch, dass sie ein oder zwei Jahre im Beet überleben kann, wenn sie an einem geschützten Ort steht. Die hübsche *Nicotiana sylvestris* (auch als Waldtabak bekannt) wächst recht hoch und bevorzugt dabei Schatten oder Halbschatten. Sie hat weiße röhrenförmige Blüten und kann stattliche 1,5 Meter hoch werden. Für schattige Beete oder Gärten im Wald lohnt sich die Anzucht auf jeden Fall.

Die Prachtkerze (*Oenothera lindheimeri*) ist eine lang blühende, schwebende Staude, die ähnlich wie das Eisenkraut (*Verbena bonariensis*), mit dem sie übrigens sehr gut harmoniert, hoch und recht „luftig“ ist. Ihre Stängel neigen manchmal dazu, abzuknicken, weshalb ich sie gelegentlich stützen muss, aber sie erregt Aufmerksamkeit und sorgt für spätsommerliche Farbe. Sie lässt sich leicht aus Samen ziehen oder durch Stecklinge vermehren und gedeiht in den meisten Böden. Aufgrund ihrer Leichtigkeit bleibt sie manchmal unbemerkt, dabei eignet sie sich sehr gut als Füllpflanze und webt ihre langen Stängel zwischen die sie umgebenden Pflanzen. Eine bekannte Sorte namens ‘Whirling Butterflies’ (wirbelnde Schmetterlinge) hält wirklich, was sie verspricht: Jede Blüte, meist weiß oder rosa, sieht aus wie ein Miniaturschmetterling.

Phlox ist eine sehr vielfältige Pflanzengruppe – von winzigen Steingartenpflanzen bis hin zu großen, ausladenden Klassikern des Cottage-Gartens. Ich interessiere mich für die letzteren, denn ein üppiger *Phlox* bietet im Sommer einen herrlichen Anblick (und Duft). Sie blühen in Rosa, Rot, Weiß und Blau und können bis zu einem Meter hoch werden. Die mehrjährigen Pflanzen mögen feuchte Böden und pralle Sonne, gar nicht gerne haben sie Enge, also geben Sie ihnen etwas Raum, damit sie keinen Mehltau bekommen. Ansonsten sind sie unproblematisch und eignen sich im Sommer gut als duftendes „Rückgrat“ für Ihren Cottage-Garten.

Sonnenblumen sind seit jeher beliebte einjährige Pflanzen: Mit ihren großen runden Gesichtern scheinen sie von Natur aus fröhliche Wesen zu sein. Sie lassen sich leicht aus Samen ziehen und machen immer großen Eindruck. Kinder lieben sie und die Aussaat von Sonnenblumen ist eine hervorragende Möglichkeit, Kinder in die Freuden des Gärtnerns einzuführen. Ich bevorzuge die etwas weniger „riesigen“ Sorten und solche mit dunkleren Farben; ‘Ruby Sunset’ ist eine Schönheit, ebenso wie ‘Velvet Queen’. Sonnenblumen setzen im Spätsommer einen vertikalen Akzent in den Beeten, deshalb platziere ich sie sorgfältig. Bewahren Sie die Samen nach der Blüte auf, oder überlassen Sie sie den Stieglitzen.

Linke Seite

Oben Hoher Stauden-Phlox (*Phlox paniculata*) 'Franz Schubert'

Mitte Sonnenblume (*Helianthus*) 'Velvet Queen'

Unten Prachtkerze (Oenothera lindheimeri) 'The Bride'

Rechte Seite

Unten Ziertabak (*Nicotiana mutabilis*)

WAS IM SPÄTSOMMERLICHEN GARTEN ZU TUN IST

Der Spätsommer im Cottage-Garten kann bittersüß sein: Das gesunde, kräftige Wachstum des Frühsommers ist abgeklungen, und in den Beeten kommt es zu sichtbaren Lücken.

Da viele Pflanzen verblüht sind (z. B. Vergissmeinnicht, Fingerhut und Lupinen), wurden sie entweder stark zurückgeschnitten, herausgerissen oder zur Aussaat verwendet. In jedem Fall können die Lücken beträchtlich sein, und die vertrockneten samenhaltigen Stängel sind unansehnlich. Zwar kann man die Lücken mit schnell wachsenden, einjährigen Pflanzen oder sogar mit bepflanzten Töpfen, die umgestellt werden, auffüllen, aber trotzdem bleibt eine gewisse Sehnsucht nach diesen spektakulären Hochsommerbeeten. Das Fotografieren wird etwas schwieriger, aber mit einer sorgfältigen Positionierung der Kamera ist es immer noch möglich, schöne Bilder zu machen. Der Spätsommer ist die Jahreszeit von warmen Rot-, Orange- und Gelbtönen, von ein oder zwei Spinnennetzen und Tautropfen am frühen Morgen. Auch die Uhrzeiten sind ein wenig angenehmer! Das Tageslicht bricht zwei Stunden später an als im Hochsommer, sodass man richtig ausschlafen kann.

Was gibt es also außer dem Putzen der Beete, dem Aufräumen und Abstützen noch zu tun? Samen reifen zu dieser Zeit in Hülle und Fülle. Holen Sie also Umschläge oder Papier-

tüten heraus und sammeln Sie den Saatgut-Vorrat für das nächste Jahr. Sollten Sie genug Rittersporn, Lupinen oder Ringelblumen haben, dann schneiden Sie die Samenköpfe rechtzeitig ab, bevor sich die Samen in alle Ecken des Gartens verteilen. Bereits jetzt ins kommende Jahr vorauszudenken, mag den Anschein erwecken, als würden Sie gern auf einen Großteil des Jahres verzichten, aber das frühe Aussäen von Fingerhut oder Goldregen im Geräteschuppen ist eine gute Absicherung gegen Winterverluste und ein optimaler Auftakt für die Blütenpracht des nächsten Jahres.

Auch im Spätsommer ist es wichtig, die Pflanzen zu stützen (wobei es immer besser ist, sie vor dem Umfallen abzustützen, als danach). Meine Prachtkerzen, Schafgarben und Dahlien wurden alle sorgfältig gestützt, wodurch sie nicht über den Weg wuchern, sondern dem Garten Höhe verleihen und Akzente setzen. Die Pflanzen wachsen immer noch, und bei der herrlichen Spätsommersonne, die wir in den letzten Jahren hatten, dürften sie bis weit in den Herbst hinein weiterwachsen.

Alle Pflanzen, die jetzt zurückgeschnitten werden müssen (z. B. Geranien), werden noch einmal austreiben und in einigen Fällen noch einmal blühen. Sie können bis zur Erdoberfläche zurückgeschnitten werden, und solange die Wurzeln etwas Feuchtigkeit haben, wird die Pflanze rasend schnell neue Blätter entwickeln.

Viele Sträucher können im Sommer nach der Blütezeit zurückgeschnitten werden. Auf diese Weise kommen die Früchte dieser Sträucher besser zur Geltung, und wenn Sie Obstbäume oder -sträucher zurückschneiden, werden sie auch eine größere Ernte erzielen. Obwohl mein Blauregen noch sehr jung ist, habe ich den langen, geschwungenen Neuaustrieb bis auf etwa fünf Blätter zurückgeschnitten, was hoffentlich im nächsten Jahr in zahlreichen Blüten resultiert.

Der Spätsommer kann sehr warm sein, deswegen ist es – besonders bei Topfpflanzen – wichtig, weiterhin viel zu gießen. Da sich das Klima ändert, kann das Gießen ein umstrittenes Thema sein, und in Devon hatten wir die meiste Zeit dieses Jahres ein Bewässerungsverbot. Deswegen verwende ich ein paar große alte Wassertonnen, die direkt aus der Dachrinne des Hauses gespeist werden. Ein kurzer Regenschauer füllt sie wieder auf, daher kann ich das nachdrücklich empfehlen. Wir achten auch darauf, in der Küche eine Spülschüssel zu verwenden und es ist wirklich bemerkenswert, wenn man zusammenzählt, wie oft sie voll wird. Wir nehmen die Schüssel mit nach draußen, samt (biologisch abbaubarer) Seife und allem, und verteilen sie in den Beeten. Bei sehr heißem Wetter muss eine Topfpflanze teilweise zweimal täglich gegossen werden, dies sollte man entweder früh morgens oder am Abend erledigen, damit kein kostbares Wasser durch Verdunstung verschwendet wird, wenn die Temperaturen gegen Mittag steigen.

Oben, links Mein Versuch, diese Plastiktonne von der örtlichen Mülldeponie hinter einem Fuchsienbusch zu verstecken

Oben, rechts Die Samenstände einer Jungfer im Grünen erhalten im Spätsommer einen Rückschnitt

Aufgaben im Spätsommer

1 Sammeln der Samen aller Pflanzen, die Sie behalten wollen, Entsorgen derer, die Sie nicht behalten wollen.

2 Aussäen von winterharten, einjährigen Pflanzen und Anzucht in einem Frühbeet oder unbeheizten Gewächshaus für das nächste Jahr.

3 Zurückschneiden der Chrysanthemen um bis zu einem Drittel, um Blüten und Wachstum zu fördern.

4 Regelmäßiges Pflücken von Schnittblumen für die Vase sorgt dafür, dass sie weiter blühen.

5 Stützen der Dahlien, Lilien, Gladiolen und anderer Pflanzen mit weichen Stielen, da sie bei Wind und Regen leicht umknicken.

6 Zurückschneiden der Geranien bis zur Basis: Sie sehen dann ordentlicher aus und blühen vielleicht sogar erneut.

7 Zurückschneiden des Lavendels bis knapp über den holzigen Wuchs (Sie können die verblühten Stängel trocknen, aber frische Blüten eignen sich dafür besser).

8 Zurückschneiden des Blauregens, um ihn in Schach zu halten und seine Blüte im nächsten Jahr zu fördern.

9 Aussäen einer späten Runde von Rote Beete, Spinat oder Radieschen; auch viele Salate wachsen zu dieser Jahreszeit noch üppig.

10 Stutzen von blühenden Sträuchern nach der Blüte; Pfeifenstrauch, Weigelie und andere Sommerblüher können jetzt zurückgeschnitten werden.

EIN PROJEKT FÜR EINEN SPÄTSOMMERTAG

Sammeln von Engelwurz-Samen

Samenstände abschneiden

Samen herausschütteln

Papierumschläge beschriften und datieren

Samen in die Papierumschläge füllen

Links Ensemble aus spätsommerlich bepflanzten Töpfen: Prachtlobelie (*Lobelia × speciosa*) 'Hadspen Purple', Dickblattgewächse, Dahlien, kleinem Klebsamen (*Pittosporum*) und einem großen Zinnkübel voller Gräser und Schafgarbe

Unten Eine namenlose rosa Dahlie harmoniert sehr gut mit *Phlox paniculata* 'Goliath' und einem Zinnkübel gefüllt mit Purpurglöckchen (*Heucheras*) und Farnen

Ganz unten Arrangement in einer Gartenecke: Töpfe mit Knöterich (*Persicaria*) 'Red Dragon', *Phlox paniculata* 'Goliath', Fasanenschwanzgras (*Stipa arundinacea*) und ein großer Zinnkübel mit Dahlien

TÖPFE UND PFLANZGEFÄSSE IM SPÄTSOMMER

Wenn der Garten langsam seine frühsommerliche Pracht hinter sich lässt, können spätsommerlich bepflanzte Töpfe die Lücken füllen und den Garten noch etwa einen Monat lang strahlen lassen.

Zu dieser Zeit sind die Farben im Garten eher am heißen Ende der Farbskala angesiedelt (im Frühsommer dominieren Rosa, Blau und die helleren Farben, im Spätsommer dagegen kräftiges Rot, Gelb und Orange), sodass es vielfältige Möglichkeiten gibt, Töpfe mit peppigen, leuchtenden Blumen zu gestalten. Dahlien kommen dabei sofort in den Sinn: Sie machen großen Eindruck und blühen üppig. Knollen oder sehr kleine Pflanzen sollten Sie im Frühsommer pflanzen, aber Sie können auch reifere, blühende Pflanzen kaufen, die sofort ihre Wirkung entfalten. Dahlien brauchen viel Wasser, vor allem bei heißem Wetter, und sollten gut durchtränkt werden. Da Dahlien so auffällige Pflanzen sind, können sie auch gut alleine stehen, aber ich stelle gerne Arrangements zusammen, meist eine Sorte pro Topf, und gruppiere sie. Als Begleiter eignen sich Gräser; ihre Schlichtheit und Wuchs machen sie zu großartigen Mitspielern der auffälligen Dahlien. Ich verwende in vielen Arrangements Fasanenschwanzgras (*Stipa arundinacea*), denn es ist robust und winterhart, und seine grünen Blätter mit gelben und orangenen Streifen bringen Bewegung ins Spiel. Ein weiterer Favorit von mir ist *Miscanthus* 'Morning Light', ein Gras, das ich zum ersten Mal im Garden House in Devon gesehen habe. Die Rispen besitzen eine schöne Färbung und die geschwungenen Halme heben alles hervor, was man daneben stellt. Für ein Zwerggras kann es ziemlich hoch werden (vielleicht einen Meter), aber als Topfpflanze bereichert es jedes Arrangement und kann umgepflanzt werden, bevor es zu groß wird. Viele spät blühende Stauden eignen sich auch gut als Topfpflanzen. Dieses Jahr habe ich eine dunkelviolette Lobelie (*Lobelia × speciosa* 'Hadspen Purple') und eine Flammenblume (*Phlox paniculata* 'Goliath') mit violetten Blüten zusammen mit einigen farbenprächtigen Blattpflanzen verwendet, um eine einladende Ecke auf der Terrasse zu schaffen. Nicht zu vergessen, dass all diese Stauden am Ende der Saison in die Beete gepflanzt werden können. Das Schöne an Stauden ist, dass sie immer wieder nachwachsen!

Noch einmal sei darauf hingewiesen, dass es zu dieser Jahreszeit warm sein kann (leider nicht in diesem Jahr), sodass die Töpfe regelmäßig gegossen werden müssen – bei heißem Wetter mindestens einmal am Tag, entweder früh morgens oder spät abends, und sich dabei richtig vollsaugen sollten. Denken Sie außerdem daran, dass Pflanzen in Töpfen den Nährstoffvorrat schneller aufbrauchen als im Beet. Geben Sie ihnen daher zwischen Frühjahr und Herbst einmal pro Woche Dünger (oder verwenden Sie im Frühjahr einen Langzeitdünger, der die ganze Saison über hält).

INSPIRIERENDE SPÄTSOMMERGÄRTEN

Ich habe drei Orte als Inspiration für den Spätsommergarten ausgewählt: Longhill Carriage von Annie Stanford in Somerset; Dartmoor Flower Shed, der Garten von Karen Burgess in Devon; und Beth Tarlings Seaview Cottage in Cornwall.

Alle diese Cottage-Gärten sind fröhlich bepflanzt und wurden im Spätsommer fotografiert. Sie verströmen die schläfrige Atmosphäre von mit Bienen bevölkerten Beeten, die ihren Zenit vielleicht schon ein wenig überschritten haben, aber erfüllt sind von Wärme, Samenköpfen und satten Farben. Dazu kommt ein Hauch Bittersüße, der erahnen lässt, dass der Herbst kurz vor der Tür steht.

Linke Seite

Unten links und unten Mitte Beth Tarlings Garten ist im Spätsommer voller Chrysanthemen. Auch in ihrem Wintergarten stehen Töpfe und Vasen mit Chrysanthemen, daneben liegen Bücher über deren Anzucht

Unten rechts Sonnenblumen, Gladiolen und selbstausgesäte einjährige Pflanzen tummeln sich in Karen Burgess´ Cottage-Garten

Rechte Seite

Somerset: Die Abenddämmerung im Spätsommer in Annie Stanfords prächtigem Garten

WAS MAN IM SPÄTSOMMER FOTOGRAFIEREN KANN

– plus Tipps und Tricks

Wie den übrigen Sommer auch verbringe ich viele Stunden damit, mit meiner Kamera durch den Garten zu streifen und nach interessanten Blickwinkeln, Details und Kontrasten zu suchen.

Der Spätsommer bietet neue Motive: wie im Herbst sieht man fast jeden Morgen mit Tautropfen überzogene Spinnweben, Samenköpfe – oft merkwürdig geformt – und das Lichtspiel im Garten nach dem (jetzt nicht mehr so frühen!) Sonnenaufgang. Dazu kommen farbenprächtige Blumen, die noch blühen, und viel Grün, das in etwas mehr als einem Monat so nicht mehr da sein wird. Das Fotografieren von Beeten oder kleinen Pflanzengruppen erfordert Bewegung: um nach einer guten Komposition zu suchen, herauszufinden, was man im Bildausschnitt „ausschneiden“ möchte, und genau zu prüfen, wie das Licht auf die Szene fällt. Bei Nahaufnahmen ist das nicht viel anders. Idealerweise verwendet man ein Makro-Objektiv (einfach ausgedrückt bedeutet Makro-Fotografie, dass ein Motiv im Bild

lebensgroß oder sogar noch größer ist), aber man kann auch mit vielen modernen Zoom-Objektiven oder sogar Mobiltelefonen ganz nah herangehen. Als Faustregel gilt: Das Licht sollte von der Seite kommen, sodass es schräg ins Bild fällt und nicht direkt von vorne oder hinten kommt. Wie bei jeder „Regel" gibt es immer Ausnahmen, und wie wir in einem früheren Kapitel (siehe Seite 69) besprochen haben, kann das direkte Fotografieren ins Licht (das so genannte Gegenlicht) interessante „Bokeh"-Lichtreflexe erzeugen, aber in den meisten Fällen werden Sie mit seitlichem Licht im 90-Grad-Winkel fotografieren. Wählen Sie bei Nahaufnahmen eine mittlere Blende, z.B. f5,6 oder f8, damit die Schärfe angenehm abfällt. Bei einer größeren Blende (f2,8 – f4) wird der Schärfenbereich kleiner, und eine kleinere Blende (f11 oder f16) hebt mehr Details im Hintergrund hervor, was ablenken kann. Zum Fotografieren dieser Sonnenblume habe ich die Rückseite der Pflanze angeschaut und nach interessanten Texturen und Mustern gesucht. Da die Blüte ihren Zenit überschritten hat, sind auf den Blütenblättern schöne Streifen und Muster zu sehen, die das Licht hervorhebt. Das tiefe Rot-Orange der Blüte verleiht ihr Wärme und Lebendigkeit und die Kelchblätter wirken sehr plastisch.

Links *Ammi majus* und Kornblumen säumen eine Sitzecke in Karen Burgess´ Garten

Oben Achten Sie auf interessante Details für außergewöhnliche Pflanzenporträts. Bei dieser Sonnenblume habe ich mich auf die Rückseite und die Kelchblätter konzentriert, die sich von der Blüte aus nach hinten biegen

Schuppen

Schuppen. Ein seltsam emotionales Wort, das bei vielen Gärtnern romantisch assoziiert ist.

In der Regel handelt es sich um ein einstöckiges, überdachtes Holzgebäude (der Begriff leitet sich von „Schopf“ ab, einem ursprünglich mit Stroh gedeckten Schutzdach), in dem früher wahrscheinlich Tiere untergebracht waren oder in dem die Arbeiter vorübergehend der Hitze des Tages entfliehen konnten. Heutzutage dient ein Schuppen natürlich eher zur Aufbewahrung von Werkzeugen und Gartengeräten, kann aber auch als Werkstatt genutzt werden – oder als Gewächshaus, vollgestopft mit Terrakottatöpfen, Samenpäckchen, Pflanzhölzern und Sieben. Meistens eher unscheinbar in seiner Erscheinung, kann ein Schuppen durchaus auch schick sein, und in einem Cottage-Garten vielleicht sogar bildschön. In meinem gibt es ein Radio, ein paar Tüten mit diversen Blumenerden, einen alten Badezimmerschrank mit verschiedenen Gartenhandschuhen, Ferngläsern, Pflanzenetiketten und halb verbrauchten Bindfadenrollen. Und viele, viele Spinnen.

Oben
Somerset: Das schattige und kühle Innere von Louise und Fergus Dowdings Gartenhaus dient zur Unterbringung ihrer Sammlung an Terrakottatöpfen

Unten
Julia Thyers Schuppen in Somerset: Eine Ansammlung von Fundstücken, staubigen Utensilien und Spinnweben

Linke Seite
Cornwall: In dieser Ecke von Beth Tarlings Schuppen werden Blumen und Samenköpfe zu Dekorationszwecken getrocknet (oben links). Dieser herrlich chaotische Schuppen wurde aus recycelten Türen, Fenstern und Holzresten gebaut (oben rechts). Ein alter Schäferwagen als Rückzugsort im Garten von Annie Stanford (unten)

4

HERBST im Cottage-Garten

Bowhay House im Herbst: Aster 'Patricia Ballard' und Fetthenne (*Hylotelephium*) 'Herbstfreude' vor Sonnenblume (*Helianthus*) 'Velvet Queen'

BOWHAY HOUSE –

Eine Momentaufnahme des Herbstes

Im Garten weht heute eine herrlich kühle Brise, und es liegt ein unverkennbares Gefühl von Herbst in der Luft. Der Sommer war außergewöhnlich, ja sogar rekordverdächtig, warm.

Genau wie ungewöhnlich feuchtes Wetter bringt auch extreme Hitze für den Gärtner zahlreiche Probleme mit sich. Doch nun hat der Herbst mit kühlerer Luft und einer neuen Farbpalette Einzug gehalten. Das Patagonische Eisenkraut (*Verbena bonariensis*), das sich überall selbstausgesät hat, blüht immer noch und seine majestätischen, aber etwas willkürlich erscheinenden Stängel wiegen sich im Wind. Die seltsam kantigen Stängel mit den violetten Blüten sind bei den Schmetterlingen sehr beliebt. Die Sonnenblumen (‘Moulin Rouge’, wenn ich mich recht erinnere) haben den ganzen Sommer über durchgehalten, doch jetzt sehen sie etwas bedauernswert aus – vielleicht habe ich sie nicht gut genug gestützt, weshalb sie im Wind schaukeln und die Stängel leicht abbrechen. Immerhin kann man sie in eine Vase stellen. Viele der Blüten sind jetzt Samenköpfe, und hätte ich auf die Samen verzichtet und die welken Köpfe entfernt, würden die Pflanzen nun besser dastehen. Die Tomaten waren fabelhaft, und der Mangold hat sich wirklich gut entwickelt, wie auch die Dahlien, die ich an einem Pflanzenstand auf einem örtlichen Dorffest gekauft habe. Sie haben die verlorene Zeit wieder aufgeholt und blühen wie verrückt! Hoch über mir kreischt ein Bussard, und die Wolken ziehen über einen unglaublich blauen Himmel. Es ist ein schöner Tag, doch die tiefstehende Sonne und der kühle Wind (und die Tatsache, dass ich seit langem wieder eine lange Hose trage!) erinnern mich daran, dass es Herbst ist und Samen zu sammeln sind. Ich nehme eine braune Papiertüte, schüttele Dahliensamen hinein, notiere das Datum und falte die Tüte vorsichtig zusammen. Die Samendose wird immer voller, im Winter werde ich mich an diesen gefalteten Päckchen erfreuen, vorausplanen und mich an die Pflanzen erinnern, die sie produziert haben.

Ich verbringe ein paar Stunden damit, recyceltes Holz zu einem Frühbeet zusammenzubauen, und im Laufe der nächsten Wochen werde ich Stecklinge vom gut wachsenden Salbei mit seinen aromatischen Blättern und üppigen Blüten nehmen. Er blüht sogar noch mitten im Herbst und lässt sich leicht vermehren. Das Frühbeet ist eine wichtige Ergänzung für jeden Garten und bietet vor allem im Frühjahr und Frühsommer unschätzbaren Schutz für zarte Pflanzen und Setzlinge. Es gibt nichts Besseres, als kostenlos neue Pflanzen zu ziehen! Das Sammeln von Saatgut und die Entnahme von Stecklingen sind die Lebensgrundlage eines Cottage-Gärtners; es spart Geld und verschafft große Zufriedenheit.

Oben links *Aster* x *frikartii* 'Mönch'

Oben rechts Schwarzäugige Rudbeckie (*Rudbeckia hirta*)

Unten links Dahlie 'Dovegrove'

Unten rechts Purpur-Sonnenhut (*Echinacea purpurea*) 'Rubinstern'

DIE STARS DES COTTAGE-GARTENS IM HERBST

Nach dem Sommer mit seiner Lebendigkeit, den langen Tagen und der Wärme kommt der Herbst und beschert uns wärmere Farben im Garten, kürzere Tage und eine deutliche Abkühlung der Luft.

Der Cottage-Garten quillt nun wahrscheinlich über vor Samenköpfen und herbstlichen Farben, ist aber auch ein wenig müde. Mit einer sorgfältigen Bepflanzung lässt sich die Pracht des sommerlichen Gartens jedoch noch ein oder zwei Monate verlängern. Im Allgemeinen sind die blauen Farben des Frühjahrs und Frühsommers durch wärmere Gelb-, Orange- und Rottöne ersetzt worden. Spätblühende Stauden genießen jetzt ihren Auftritt, vor allem Sonnenhüte, Astern, Anemonen und roter Johannisbeer-Salbei. Auch Dahlien, Zinnien und Chrysanthemen sind überall zu finden, und es ist wirklich die perfekte Zeit für „Schnittblumen". Natürlich ist der Herbst auch eine Zeit des Überflusses, in der die Ernte von Gemüse, Beeren und Obst ganz oben auf der „To-do-Liste" des Cottage-Gärtners steht.

ASTERN

Astern, in Gruppen gepflanzt und von der sanften Herbstsonne beleuchtet, sind einer der schönsten Anblicke im herbstlichen Garten. Die zahlreichen Arten unterscheiden sich stark in Höhe, Wuchs und Farbe. Sie können große Büschel bilden und haben überwiegend blaue, rosa und lavendelfarbene Blüten, die an warmen Herbsttagen Scharen von Bienen und Schmetterlingen anlocken. In großer Zahl gepflanzt, bereiten sie bis spät im Jahr viel Freude. In meinem Garten wachsen *Aster amellus* (Berg-Aster) 'Forncett Flourish' und *Symphyotrichum* (Herbst-Aster) 'Coombe Fishacre', die ich bei der Baumschule Old Court Nurseries in Malvern gekauft habe, gemischt mit *Helenium* 'Sahin's Early Flowerer', einer schönen, orangefarbenen Sonnenbraut.

DAHLIEN

Dahlien sorgen für lebendige Farben und sind ideale Schnittblumen für die Vase. Allerdings mögen sie keine Kälte, weshalb normalerweise empfohlen wird, die Knollen im Spätherbst auszugraben und im Frühjahr wieder einzupflanzen. In meinem Garten pflanze ich sie zusammen mit *Leucanthemum* 'Edgeworth Giant', einer riesigen Margerite, die bis zu den ersten Frösten als Blickfang dient. Sonnenblumen sorgen für die nötige Höhe, die ein neuer Garten braucht, und ich

lasse sie bis zum Winter stehen, da die Vögel ihre Samen lieben. Dieses Jahr sorgte eine Reihe an Tomatenpflanzen für eine schier endlose Ernte. Daneben steht eine meiner neuen Favoriten, *Tagetes* 'Cinnabar', ein einjähriger afrikanischer Korbblütler, der von dem verstorbenen Christopher Lloyd in Great Dixter, West Sussex, populär gemacht wurde. Er wächst üppig, wird für einen Korbblütler recht hoch (etwa einen Meter) und hat außergewöhnliche dunkelrote Blütenblätter mit goldenem Rand. Tom Coward von Gravetye Manor hat mir die Pflanzen geschenkt, und sie säen sich gut aus, sodass ich einen dauerhaften Vorrat habe!

William Robinson und Gertrude Jekyll, Gärtner aus dem 19. Jahrhundert und von großer Bedeutung für die Geschichte des Cottage-Gartens, veränderten die Art und Weise, wie Pflanzen verwendet wurden, und führten viele neue ein, um die Gartensaison auszudehnen. Die Gärtner von damals hatten kaum oder gar keinen Zugang zu Gärtnereien und mussten sich mit dem zufrieden geben, was gerade zur Verfügung stand, während wir heute die Saison bis zum ersten Frost verlängern können. Piet Oudolf, Gartengestalter und Landschaftskünstler, machte die Verwendung von Stauden, insbesondere Gräsern, populär: Pflanzen, die im Verfall genauso gut aussehen, wie in voller Blüte, und die Jahreszeiten überdauern. Auch in Cottage-Gärten sehen diese spät blühenden Stauden und Gräser mit ihrer gedämpften Farbe und Struktur

Links Cloud's Rest in Chepstow: Dieser herbstliche Garten quillt geradezu über vor weichen Gräsern und farbenfrohen späten Stauden und bekundet dabei die üppige Reife des Herbstes

Mitte Chinaschilf (*Miscanthus*) und Herbst-Anemonen in gedämpftem Herbstlicht

Rechts Hinter dem Riesenfedergras (*Stipa gigantea*) erkennt man Astern, Rudbeckien und Sonnenbraut (*Helenium*)

neben den satten Rot-, Orange- und Gelbtönen von Sonnenbraut, Montbretien und Mädchenauge wunderbar aus. Ich habe die Gräser *Miscanthus sinensis* (Chinaschilf) 'Morning Light' und *Pennisetum alopecuroides* (Lampenputzergras) 'Hameln' zwischen die Stauden und einjährigen Pflanzen gesetzt. Durch ihre Höhe, Form und Farbe setzen diese Gräser nützliche Akzente in den ruhigeren Monaten des Gartenjahres. Sie sind auch ein Bindeglied zwischen der frühsommerlichen und herbstlichen Blütenpracht in einem Cottage-Garten. Im späten Juli oder August kann es zu einer kleinen Flaute kommen, doch die Gräser und die späten Stauden werden das ausgleichen. Ich liebe vor allem den roten Johannisbeer-Salbei (*Salvia microphylla*) – von dem ich immer wieder Stecklinge nehme – und das Patagonische Eisenkraut (*Verbena bonariensis*), das vor den gedeckten Farben eines kräftigen Grases in der Luft zu schweben scheint.

HOLZAPFEL UND KIRSCHBAUM

Ein oder zwei Bäume sollten in keinem Garten, am wenigsten in einem Cottage-Garten, fehlen, und Holzäpfel sind da genau das Richtige. In der Regel sind sie recht klein, bieten Blüten, Früchte und Blätter (eignen sich daher für drei der vier Jahreszeiten) und sind bei unseren Gartenvögeln sehr beliebt. Holzapfelgelee ist ein Genuss (probieren Sie es zu Käse und Sie werden ihm verfallen!). Früher unterteilten Gärtner ihre arbeitsinten-

Oben links Kürbis 'Red Kuri'

Oben rechts Mutterkraut (*Tanacetum parthenium*) zwischen Grünkohl

Unten links Radieschen im Gemüsebeet

Unten rechts Eine mit Kräutern bepflanzte Holzkiste

siven Gärten in Nutzpflanzen, Tierhaltung und Blumen, und zu den Nutzpflanzen gehörten immer auch Obstbäume. Äpfel waren im Herbst ein lang ersehnter Leckerbissen, weshalb man sie sorgfältig in Papier eingewickelt und in Kisten gestapelt aufbewahrte, um sie vor Kälte und Mäusen zu schützen und sie über die langen, dunklen Winter hinweg genießen zu können. Auch Kirschbäume können das ganze Jahr über attraktiv sein, und viele sind als kleinwüchsige Variante erhältlich. Ich habe eine wunderbare Sorte (möglicherweise *Prunus* 'Okame' – aber ich versuche immer noch, sie genau zu identifizieren!), die noch vor dem Blattaustrieb im Frühjahr in voller Blüte steht. Ihre rosafarbene, überhängende Blüte erhellt eine unserer Seitenbeete. Sie hat auch eine schöne Rinde, und im Herbst färben sich die Blätter in ein sattes Gold.

GEMÜSE, KRÄUTER UND BLUMEN MISCHEN

Ich habe Rhabarber, Spinat, Lauch, Thymian, Salbei und Frühlingszwiebeln neben dem Wigwam mit Erbsen gepflanzt und solch eine Mischung aus Gemüse, Kräutern und Blumen ist das unverkennbare Zeichen eines echten Cottage-Gartens. Feuerbohnen können an rustikalen Pflanzenstützen hochgezogen werden und sorgen nicht nur für tiefrote Blüten im Sommer, sondern auch für ein Festmahl im Herbst. Dem Anblick von Lauch, der im herbstlichen Garten in Reih und Glied steht, können nur wenige Gartenfotografen widerstehen. Zucchini und Kürbisse gehören natürlich zu den Grundnahrungsmitteln im Herbst, aber sie brauchen viel Platz. Andere Sorten sind recht klein und lassen sich am besten an einem Spalier oder einer vertikalen Struktur anbauen. Auf diese Weise reifen sie nicht nur schneller, sondern lassen auch mehr Platz am Boden frei. Außerdem geben sie ein schönes Fotomotiv ab.

Oben links Ausheben von Dahlien für die Überwinterung
Oben rechts Gestaffeltes Einpflanzen von Tulpenzwiebeln in einen Topf
Unten links Einpflanzen von Krokuszwiebeln im Herbst
Unten rechts Schneiden einer Rose

WAS IM HERBSTLICHEN GARTEN ZU TUN IST

Nach der hektischen Betriebsamkeit der langen Sommertage schleicht sich der Herbst ein und plötzlich ist es an der Zeit, innezuhalten, das Gesamtbild zu betrachten und Pläne für den Garten zu schmieden.

In diesen Tagen ist ein wenig Unordnung erwünscht, um Wildtieren in den Beeten Deckung zu bieten und den Vögeln für den kommenden Winter einige Samenköpfe zu hinterlassen. Allerdings gibt es für die Gartenschere trotzdem viel zu tun, denn vielen Pflanzen tut es gut, wenn sie ein wenig „gestutzt" werden, bevor der Winterwind durch die Beete pfeift. Sollten Sie einen Komposthaufen haben, ist jetzt die Zeit, in der er sich wahrscheinlich füllen wird. Den Komposthaufen zu speisen, macht auf seltsame Weise süchtig. Es erstaunt mich immer wieder, dass, egal wie viel ich hinzufüge, immer noch Platz zu sein scheint! Man kann sich sehr für das Kompostieren begeistern: Ich werde nie vergessen, wie ich einen außergewöhnlich schönen Garten auf der Lizard-Halbinsel in Cornwall fotografiert habe. Nachdem ich, vom frühen Morgen bis zum Mittag, Stunden damit verbracht hatte, den Garten zu fotografieren, kam der Besitzer aus dem Haus und fragte, ob ich schon das „Beste" abgelichtet hätte? Offenbar sah ich etwas unsicher aus, daher zog er mich in eine entfernte Ecke und zeigte mir die drei riesigen Kompost-Behälter, die er gebaut hatte. Sie waren so groß, dass er nur mit Leitern hinaufkam, um sie zu füllen! Er schien stolzer auf diese Kompost-Ecke zu sein als auf den Rest des (absolut prächtigen) Gartens.

Im Spätherbst freuen sich Stauden wie Sonnenhut, Prachtkerze und Salbei über einen Rückschnitt – lassen Sie aber ein paar Samenköpfe für die Vögel und für etwas Winterzauber übrig. Im Allgemeinen schneide ich die Pflanzen im Herbst etwa auf die Hälfte zurück und mache dann im Frühjahr einen kompletten Rückschnitt. Außerdem können nun, wie wir später noch besprechen werden, die Samen für das nächste Jahr gesammelt werden. Als Gartenfotograf kann ich sagen, dass von Raureif überzogene Samenköpfe von Doldenblütlern wie Kerbel (*Anthriscus*) und Bischofskraut (*Ammi majus*) die ansonsten grauen Wintertage sehr beleben. Bei Doldenblütlern ist allerdings etwas Vorsicht geboten. Einige von ihnen, darunter die Engelwurz, können zu riesigen Pflanzen heranwachsen. Zudem sind sie sehr gut darin, sich selbstauszusäen. Halten Sie also Ausschau nach ihren Setzlingen und entfernen Sie alle, die Sie nicht haben wollen – oder zumindest nicht an dieser Stelle.

Eine weitere Aufgabe, mit der man sich in Aufräumlaune herumschlagen muss, ist das Schneiden von Hecken. Dieses Jahr habe ich mich im hinteren Teil des Gartens für Form-

hecken entschieden und stellte nach dem Schneiden fest, dass die Hecken jetzt ungeplanter Weise den Hügeln entsprechen, die hinter dem Garten hervorragen. Was für ein glücklicher Zufall!

Im Herbst sollte man Bilanz ziehen und sich erinnern, was im Sommer an der „falschen" Stelle gewachsen ist. Vielleicht ist Ihnen aufgefallen, dass die Lupinen die selbstausgesäte Akelei verdrängt haben, oder dass es schön wäre, einige Stauden auf die andere Seite eines Weges zu setzen, damit sie sich quasi spiegeln? Dann ist jetzt die Gelegenheit, sie umzupflanzen. Graben Sie sie einfach mit reichlich Erde aus und setzen Sie sie an ihrem neuen Platz ein, wobei Sie darauf achten sollten, sie gut zu wässern. Im Herbst bleibt den Pflanzen noch etwas Zeit, um vor den Wintermonaten anzuwachsen. Der Cottage-Gärtner dient als eine Art Regisseur, der in den Beeten eine gewisse Ungezwungenheit zulässt, dabei jedoch stets darauf bedacht ist, die Pflanzen so zu lenken, dass dieses Erscheinungsbild erhalten bleibt und sorgfältig gepflegt wird. Ich habe gerade einen vergnüglichen Vormittag damit verbracht, selbstausgesäte Akeleien, Lupinen und Rittersporn auszugraben und in kleine Terrakottatöpfe zu setzen, damit ich sie im Frühjahr wieder auspflanzen kann.

Eines der schönsten Dinge im Herbst ist der Kauf und das Setzen von Blumenzwiebeln, die im Frühjahr blühen werden. Der noch warme Boden sorgt dafür, dass sich die Zwiebeln gut eingewöhnen, sodass die harte Arbeit später reichlich belohnt wird, wenn eine unvermittelte Farbenpracht den Frühling ankündigt. Narzissen, Krokusse, Tulpen, Schachblumen und Traubenhyazinthen können jetzt gepflanzt werden, neben einigen winterharten Sommerblumen wie Allium und Lilien. Ein Band aus Alliumpflanzen, welches sich durch ein frühsommerliches Beet schlängelt, ist ein schöner Anblick, darum lohnt es sich, so viele zu kaufen und zu pflanzen, wie man sich leisten kann. Wie bei den

Linke Seite

Einpflanzen von *Allium*-Zwiebeln im Herbst. Im nächsten Sommer werden sie blühen

Rechte Seite

Ackerbohnensamen werden am besten in Anzuchtkisten gepflanzt, da die Wurzeln von Bohnen eine gewisse Zeit brauchen, um zu wachsen

meisten Blumenzwiebeln gilt auch hier die Regel, dass sie mindestens drei- oder viermal so tief gepflanzt werden sollten, wie die Zwiebel groß ist, bei Allium also etwa 15 cm. Die meisten winterharten Zwiebeln, einschließlich Tulpen und Narzissen, stammen aus Gebieten mit trockenem Sommerklima und bevorzugen daher einen warmen, sonnigen Standort mit guter Drainage. Wenn Zwiebeln in relativ dichten Gruppen von dreißig oder vierzig gepflanzt werden, sieht das viel beeindruckender aus als vereinzelte Blumen!

Auch im Gemüsebeet gibt es viel zu tun: Knoblauch kann jetzt gepflanzt werden, ebenso wie Salat, Mangold, Rote Bete und Rettich. Die frühen Cottage-Gärtner nutzten ihre Beete vor allem für Gemüse, Blumen standen höchstens am Rand. Im 19. Jahrhundert diente die Gartenarbeit jedoch immer mehr dem Zeitvertreib als der Selbstversorgung und so gewannen Blumen zunehmend an Bedeutung. Dennoch wissen wir alle, dass Gemüse aus dem eigenen Garten viel besser schmeckt als das aus dem Supermarkt. Pflanzt man zum Beispiel farbenfrohen Mangold an, hat man gleich zwei Vorteile: er sieht nicht nur besonders aus, sondern schmeckt auch gut! Wenn Sie die Samen im Frühherbst aussäen, können Sie die jungen Blätter bereits zu Beginn des Winters ernten. Das gleiche gilt für Rote Bete und Rettich. Mein wohl liebstes Gemüse sind Saubohnen, die ebenfalls gut im Herbst gesät werden können. Selbst in einem harten Winter sind sie geradezu unverwüstlich, zudem scheinen die im Herbst gesäten Saubohnen im Frühjahr widerstandsfähiger gegen Kriebelmücken zu sein.

Der Herbst ist die perfekte Zeit, um den Boden zu verbessern. Nachdem Sie den Bewuchs des Sommers entfernt haben, sehen Sie besser, was Sie tun und können jetzt mulchen und düngen. Ich ziehe es vor, so wenig wie möglich umzugraben, deshalb mulche ich die Beete mit frischem Kompost, ent-

Links Eine schöne Herbst-Ausbeute: Samen der Türkischen Nelke 'Cinnabar'

Rechts Samenstände können genauso schön sein wie die Blüten, aus denen sie sich entwickeln. Die Samenköpfe von Mohn sind architektonische Kunstwerke

weder von meinem eigenen Haufen oder mit gekauften Produkten. Durch die Mulchschicht werden dem Boden nicht nur Nährstoffe zugeführt, sondern sie wirkt auch wie eine Decke im Winter. Ihre Pflanzen werden es Ihnen im Frühjahr mit kräftigerem und üppigerem Wachstum danken.

Zu den wichtigsten Herbstarbeiten gehört auf jeden Fall auch das Sammeln von Samen. Abgesehen davon, dass man im nächsten Jahr kostenlose Pflanzen erhält, ist die Befriedigung, die man durch das Sammeln und Ziehen dieser neuen Pflanzen erfährt, enorm. Wenn man einen winzigen Samen nimmt und ihn im nächsten Jahr als neue Pflanze in die Welt setzt, spürt man die Verbindung mit der Erde und eine tiefe Freude. Ein Kreislauf, der sich im nächsten Jahr wiederholt. Die einfachste Art des Sammelns besteht darin, die Pflanze im Auge zu behalten und den Samenkopf, sobald er ausgetrocknet und bereit ist, seinen Reichtum zu verstreuen, in eine braune Papiertüte zu stecken und zu schütteln. Die Samen fallen in die Tüte, die Sie dann mit dem Namen der Pflanze und dem Datum der Ernte beschriften. Eine der größten Freuden an einem kalten Wintertag ist es, die vielen Papiertüten zu durchforsten, die Saatgutkiste zu sortieren und zu überlegen, wann und wo man die Samen aussäen wird.

Aufgaben im Herbst

1 Zwiebeln für den kommenden Frühling und Sommer kaufen und einpflanzen. Die meisten frühjahrsblühenden Zwiebeln können bis Ende September gepflanzt werden, Tulpen sollten etwa im November gesetzt werden.

2 Aussäen von winterharten einjährigen Pflanzen für das nächste Jahr. Eine Herbstaussaat kann Frost überstehen, und die Pflanzen werden im nächsten Jahr größer sein als die im Frühjahr gesäten.

3 Schneiden der Hecken. Warten Sie am besten, bis das sommerliche Wachstum endet. Ideal ist der Oktober oder November.

4 Verbesserung des Bodens, vor allem durch Mulchen. So wird Unkraut eingedämmt und der Boden erhält zusätzliche Nährstoffe.

5 Gemüse aussäen, vor allem Knoblauch, Mangold, Radieschen und Saubohnen.

6 Empfindliche Pflanzen vor dem ersten Frost umsetzen. Entnehmen von Weichholz-Stecklingen bei zarten Stauden. Pflanzen wie Pelargonien, Nelken, Buschwindröschen und Salbei sollten im Herbst zuverlässig wurzeln.

7 Teilung und Rückschnitt von Stauden. Nach Bedarf Pflanzen ersetzen oder aussortieren.

8 Bäume und Sträucher im Herbst pflanzen: So gewöhnen sie sich gut ein und haben im nächsten Frühjahr einen optimalen Start.

9 Ernten von reifem Gemüse, wie Tomaten, Stangenbohnen, Kartoffeln, Möhren, Rote Bete und Salat

10 Samen sammeln, beschriften und sorgfältig aufbewahren.

EIN PROJEKT FÜR EINEN HERBSTTAG

Pflanzen eines Holzapfelbaums

Ein Loch graben, das breit und tief genug ist, um den Wurzelballen aufzunehmen

Prüfen, ob der Wurzelballen in der richtigen Tiefe liegt (Oberkante auf einer Höhe mit dem Boden)

Auffüllen mit Erde bis zur Oberkante des Wurzelballens

Die Erde um den Baum herum vorsichtig feststampfen und darauf achten, dass die Erde die Wurzeln fest umschließt

Linke Seite

Great Dixter: Harmonisches Ensemble aus Gänseblümchen, Dahlien, Kosmeen und Wandelröschen (*Lantana*) in alten Terrakottatöpfen

Rechte Seite

Oben Minze kann man gut in Töpfen in den Garten stellen (so verhindert man auch, dass sie sich ausbreitet)

Unten Bowhay House: Die Auswahl an herbstlich bepflanzten Töpfen passt gut zu den letzten warmen Tagen dieser Jahreszeit

TÖPFE UND PFLANZGEFÄSSE IM HERBST

Nach dem aufregenden und farbenfrohen Sommer ist es schön, die Gartensaison in die kühleren Monate auszudehnen. Ein paar herbstliche Blumentöpfe in der Nähe der Hintertür oder vielleicht in einer Ecke der Terrasse können eine echte Bereicherung sein, wenn die Tage kürzer werden.

Achten Sie darauf, dass der Topf Ihrer Wahl, zum Beispiel aus Terrakotta oder Holz, frostsicher ist. Bedenken Sie bei der Auswahl der Pflanzen auch das Design des Topfes. Eine große Pflanze als „Hauptfigur" im hinteren Bereich kann mit einer Grünpflanze oder Blumen geschmückt werden, und ein Efeu im vorderen Teil rundet den Anblick ab. Vergessen Sie nicht, dass es zu dieser Jahreszeit sinnvoll ist, die Töpfe mit „Topffüßen" etwas zu erhöhen, damit das Wasser abfließen kann und die Wurzeln nicht unter Kälte oder Staunässe leiden. Auch der verwendete Kompost ist wichtig. Ein guter, torffreier 'John Innes' ist die beste Wahl, da er lehmbasiert und recht schwer ist und dadurch Nährstoffe und Feuchtigkeit besser hält als ein leichterer Kompost.

Farne, aber auch alle Arten von silberfarbigem Blattwerk, wie bei Heiligenkraut, Strohblume und Aschenkraut, ergeben perfekte Hintergründe für Blumen. Wenn Sie ein Metallgefäß wählen (ich habe z. B. eine Auswahl alter Blecheimer), werden Sie feststellen, dass die silbrigen Blattpflanzen das Metall farblich sehr gut aufgreifen. Buntblättriger Spindelstrauch eignet sich zuverlässig als Hintergrund für farbenfrohe Blumen, und Purpurglöckchen bietet eine breite Palette an Blattfarben und ist wintergrün.

Kräuter sind eine gute Wahl für herbstliche Töpfe. Thymian, Minze oder Salbei etwa bleiben den ganzen Winter über grün und können, sofern sie nahe genug an der Küche stehen, regelmäßig zum Kochen gepflückt werden. Auch einige farbenfrohe kleine Salate können in Töpfen angebaut werden: Eichblattsalat zum Beispiel eignet sich hervorragend und kann wochenlang immer wieder geerntet werden.

Was die Blumen betrifft, so gibt es einige exquisite kleine Veilchen, die, gemischt mit ein oder zwei Blattpflanzen, lange das Auge erfreuen. Ich lasse lieber die Finger von den grell-bunten Stiefmütterchen in den Gartencentern, denn ich finde, dass ein sorgfältig ausgewähltes Ensemble gedeckter Farben vom gleichen Ende der Farbpalette viel eleganter aussehen kann. Viele schöne mehrjährige Pflanzen eignen sich gut für einen Herbsttopf, nicht zuletzt die Astern (jetzt *Symphyotrichum* genannt), von denen die kleineren Sorten 'New York' oder 'novibelgii' am besten passen. Sie blühen sehr

ausdauernd in verschiedenen Rosa- und Blautönen. Auch die Schokoladen-Kosmee ist ein Dauerblüher: Mit einem Gras im Hintergrund sieht sie besonders schön aus, wobei ihre fast schwarzen Blüten sehr gut mit dem dünnen, spitzen Blattwerk eines Chinaschilfes kontrastieren. Das Schöne an Stauden in Töpfen ist, dass man sie einfach ins Beet pflanzen kann, wenn man sich entschließt, die Bepflanzung auszutauschen oder saisonal umzugestalten. So bereichern sie die Beete noch viele Monate – oder sogar Jahre. Zu guter Letzt gibt es auch unter den Blumenzwiebeln Herbstblüher – die aber natürlich im Frühjahr oder Sommer gepflanzt werden müssen, es sei denn, Sie kaufen bereits blühende Pflanzen. *Colchicums* (Zeitlose), *Cyclamen* (Alpenveilchen) und *Nerinen* (Guernseylilien) eignen sich hervorragend für Töpfe und können entweder darin bleiben oder später in den passenden Bereich des Gartens umgepflanzt werden.

EIN INSPIRIERENDER HERBSTGARTEN

GRAVETYE MANOR, SUSSEX

Ein Besuch im Garten von Gravetye ist aus vielen Gründen ein magisches Erlebnis. Hier lebte William Robinson, der „Vater“ des modernen Cottage-Gartens, ein praxisorientierter und erfahrener Gärtner, dessen Bücher und Zeitschriftenartikel großen Einfluss hatten. Vor allem aber ist Gravetye ein wunderschön bepflanzter Garten, der zu jeder Jahreszeit begeistert, im Herbst jedoch regelrecht erstrahlt. Tom Coward, der leitende Gärtner, ist ein großer Bewunderer von Robinson, hat jedoch seit seinem Umzug von Great Dixter hierher auch neue Pflanzen eingeführt und die Beete sowie den Küchengarten modernisiert.

Im Herbst sieht man in den üppigen, anmutigen Beeten nicht ein Stück kahle Erde. Dahlien, türkische Nelken, Tithonien und Rosen wetteifern um die Sonne. An einem nebligen Morgen sind die Gräser, die zwischen den Blumen stehen, mit Spinnweben und Tautropfen geschmückt. Überraschungen gibt es reichlich: Eine Reihe von Scharlach-Zieringwer säumt einen Weg, der Blicke auf das ziemlich imposante Herrenhaus freigibt. Am Ende eines gepflasterten Pfades steht ein hübsches, mit Ziegeln gedecktes Gartenhaus, dessen Anblick fast von den Beeten mit orangefarbenen Dahlien, kupferfarbenen türkischen Nelken und lilafarbenen Flammenblumen (*Phlox*) verdeckt wird.

In einem kleinen seitlichen Garten, der viel gemütlicher und intimer ist, steht ein Nebengebäude mit Wänden aus Eichenholz, umge-

ben von herbstlicher Bepflanzung, deren Hauptdarsteller Astern und Blauraute von riesigen Gräsern umgeben sind. Die Trichterschwertel (*Dierama pulcherrimum*) beginnt Samen zu entwickeln und vermittelt das Gefühl, dass der Garten den Höhepunkt seiner Reife bereits erreicht hat – vielleicht auch schon ein wenig über die Sommerpracht hinaus. Dennoch bleibt er ein Fest für die Sinne! Über der Hintertür des Hauses befindet sich eine Veranda mit einem fabelhaften Wilden Wein (Selbstkletternde Jungfernrebe/ *Parthenocissus quinquefolia*), der in einem einzigartigen Rot leuchtet. Herbst pur.

Die Beete in Gravetye stecken das ganze Jahr über voller Überraschungen. Die beliebten Klassiker des Cottage-Gartens sind im Überfluss vorhanden. Frauenmantel (*Alchemilla mollis*) säumt den gepflasterten Weg, doch erfreulicherweise darf auch ein selbstausgesäter Mittlerer Wegerich (*Plantago media*) danebenstehen. Wegerich wird oft als „Unkraut" betrachtet, allerdings war William Robinson selbst bekanntermaßen sehr daran interessiert, Wildpflanzen im Garten zu verwenden (eines seiner meistverkauften Bücher war „Der wilde Garten"). Zudem ist der Wegerich eine sehr schöne Pflanze, wenn man ihn genauer betrachtet. Hier, selbstausgesät und nicht gejätet, verkörpert er die Idee des Cottage-Gartens. Optisch lockert er die Pflasterung auf und gewinnt eine gestalterische Qualität, die unbemerkt bleibt, wenn er mitten auf einer Wiese oder einem Feld steht.

Links Der gepflasterte Weg führt durch den kleinen, mit Gräsern und Herbstblumen bepflanzten seitlichen Garten

Oben Gravetye Manor: Wilder Wein klettert über die Veranda

WAS MAN IM HERBST FOTOGRAFIEREN KANN

– plus Tipps und Tricks

Der Herbst ist, wie Keats sagte, die Jahreszeit von „Nebel und reifer Fruchtbarkeit". Als Gartenfotograf freue ich mich auf diese Tage mit sanftem Licht, an denen Rot-, Orange- und Gelbtöne besonders gut zur Geltung kommen.

Die Tage werden kürzer (ich muss nicht mehr in aller Herrgottsfrühe aufstehen, um bis 5:30 Uhr im Garten zu sein), das Licht ist freundlicher, wodurch wir die harten Glanzlichter und tiefen Schwarztöne in einem Foto vermeiden. Um das Haus herum zwitschern Schwalben, und auch im Garten gibt es viel zu sehen: Samenköpfe und herabgefallene Blätter, Spinnweben und Hagebutten, sowie stimmungsvolle Ausblicke auf üppige Beete. Suchen Sie nach einfachen Kompositionen und einem starken Blickpunkt. Stellen Sie sich zum Beispiel eine Mistgabel im Gegenlicht vor, die im frisch umgegrabenen Gemüsebeet steckt, darunter ein paar frische Kartoffeln. Oder den Blick entlang eines gepflasterten Wegs mit einer Gießkanne neben einigen spät blühenden Stauden. Oder auch ein architektonisches Element wie eine Vogeltränke, mit Spinnweben geschmückt, an denen Tautropfen hängen. Gehen Sie nah heran und achten Sie auf Details. Beispielsweise die durchscheinenden Samen des einjährigen Silberblatts, eine der klassischen selbstaussäenden Pflanzen in Cottage-Gärten. Oder die satten Farbtöne einer Dahlie in voller Blüte. Die Kaktus-Varianten haben erstaunliche Blütenblätter, die man stundenlang studieren könnte.

Wenn Sie eine gute Kamera haben, verwenden Sie eine große Blende, vielleicht f4 oder f5,6, um eine geringe Schärfentiefe zu erhalten. Dadurch wird der Hintergrund unscharf und das Motiv kommt besser zur Geltung. Wenn Sie ein Handy verwenden, können Sie bestimmte Apps herunterladen, die dies ebenfalls ermöglichen. Die größere Blendenöffnung bedeutet auch, dass Sie eine kürzere Verschlusszeit einstellen können, was bei schlechten Lichtverhältnissen hilfreich ist. Wie bereits erwähnt, verwende ich fast immer ein Stativ, um Verwacklungen zu vermeiden, aber manche Kameras haben heutzutage ein Bildstabilisierungssystem im Gehäuse oder Objektiv, das Verwacklungen stark reduziert. Versuchen Sie, ein Gefühl für den Garten zu bekommen. Im Herbst herrscht eine bestimmte Atmosphäre, also fangen Sie dieses sanfte Licht und die Romantik in Ihren Bildern ein. Der Herbst ist die magischste Zeit des Jahres.

Oben Merck-Dahlie, aufgenommen mit einer kleinen Blende, damit sie sich vom Hintergrund abhebt

Rechts Ein Spinnennetz samt seiner Weberin im Herbstlicht

Kompost

Bereits das Wort „Kompost“ lässt das Herz eines Gärtners höherschlagen. Ich habe Gärtner kennengelernt, die mir ihre Komposthaufen mit größerer Begeisterung zeigten, als ihre schön gepflegten Beete (ein Beispiel auf Seite 146). Obwohl es eine ungenaue und etwas mysteriöse Wissenschaft zu sein scheint, ist Kompost das Lebenselixier eines fruchtbaren Gartens und das Endprodukt eines guten Komposthaufens wahrlich „schwarzes Gold“.

Die Kompostierung von Abfällen aus dem Garten oder der Küche ist im Grunde genommen ein einfaches Verfahren. Wenn sich organische Materialien richtig zersetzen, entsteht ein nährstoffreicher Kompost, der wie Gartenerde aussieht. Bei diesem Prozess wird organisches, kohlenstoff- oder stickstoffhaltiges Material mit Luft und Wasser gemischt, in der Regel auf einem Haufen oder in einer Tonne. Die Kompostierung wird von Organismen wie Würmern und Insekten durchgeführt, vor allem aber von Mikroorganismen, die das Material verrotten lassen, indem sie es fressen und dann ausscheiden. Der Gärtner kann den Prozess beschleunigen, indem er das Material zerkleinert, bevor es auf den Haufen kommt, oder indem er Wasser und Luft zuführt. Die Herstellung von eigenem Kompost ist gut für den Gartenboden und spart Ihnen Geld. Zudem erspart es die Verwendung von handelsüblichen Düngemitteln, die viele Chemikalien enthalten können. Außerdem ist es umweltfreundlich, da es verhindert, dass die Materialien auf Deponien landen, wo sie viel Platz einnehmen und starke Treibhausgase wie Methan freisetzen.

Das Rezept für einen guten Kompost ist recht einfach: Es geht um das Gleichgewicht der vier Bestandteile Wasser, Luft, Stickstoff und Kohlenstoff. Ein Haufen, der zu viel stickstoffhaltiges Material („Grünes Material“) enthält, ist wahrscheinlich zu nass und riecht schlecht; enthält Ihr Haufen zu viel kohlenstoffhaltiges Material („Braunes Material“), wird er trocken und braucht lange, um zu verrotten. Beides lässt sich leicht beheben, indem man kohlenstoff- oder stickstoffrei-

Eine gut gepflegte Kompost-Ecke ist eine schöne Sache – und ein Zeichen für einen fähigen Gärtner

ches Material hinzufügt, je nachdem, was man für ein Gleichgewicht braucht. Beispiele für „Grünmaterial" sind frische organische Abfälle, Rasenschnitt und Lebensmittelabfälle, „Braunmaterial" sind unter anderem trockenes Laub, Zweige und Papier. Eine Faustregel für das perfekte Kohlenstoff-Stickstoff-Verhältnis in Ihrem Hauskompost lautet: zwei bis vier Anteile Braunmaterial auf einen Teil Grünmaterial. Luft und Wasser lassen sich leicht zuführen: Wenden Sie den Haufen im Sommer einmal pro Woche, im Winter vielleicht einmal im Monat, und wässern Sie ihn ab und zu. Nichts ist befriedigender, als im Garten den eigenen Kompost zu verwenden: Dann fühlt es sich an, als würde sich der Kreis schließen.

5

WINTER im Cottage-Garten

Ein Haselnuss-Wigwam bringt Struktur in frostige Winterbeete

BOWHAY HOUSE –

Eine Momentaufnahme des Winters

Die Fahne über dem nahegelegenen Pub „The Pig's Nose Inn" weht nicht mehr waagerecht im Wind, der eisengraue Himmel hat sich gelichtet und das eisige Prasseln des winterlichen Regens hat nachgelassen.

Die kurze Atempause ermöglicht es mir, einen Blick auf die eher tristen und durchnässten Beete zu werfen. Der Winter kann atemberaubend schön sein, mit frostigen Konturen, die sich in der tiefstehenden Sonne abzeichnen, er kann aber auch, wie jetzt, aus einer begrenzten Palette von Ocker, stumpfem Grün und einer Vielzahl von Grautönen bestehen. Was das Wetter betrifft, haben wir dieses Jahr alles erlebt, dennoch hat sich der Garten bei näherer Betrachtung erstaunlich gut gehalten: Zwischen den Stümpfen der zurückgeschnittenen Stauden sprießen einige grüne Triebe hervor, hier und da erscheinen Zwiebeln, und sogar die Büschel von 'Sweet William', die ich im letzten Frühjahr aus Samen gezogen habe, zeigen neues Wachstum. Die Christrose (*Helleborus niger*, auch Schneerose oder Schwarze Nieswurz genannt), erstrahlt in meinen Blechwannen, umgeben von den dunklen Blättern des Purpurglöckchens, die sie gut zur Geltung bringen. Die Palisaden-Wolfsmilch (*Euphorbia characias*) steht in voller Pracht vor dem schwarz gestrichenen Schuppen, und ihre nickenden, dunkelgrünen Köpfe scheinen gegen Frost und Regen immun zu sein. Zwischen den Kamelien, die unter einem austreibenden Kirschbaum hervorsprießen, befinden sich weitere Nieswurzgewächse, diesmal orientalische Hybriden, deren neue Blütenköpfe kaum sichtbar sind. Ich erinnere mich daran, dass die alten Blätter zurückgeschnitten werden müssen – eine beliebte Winterarbeit, denn es ist eine große Genugtuung, Altes zu entfernen, um junges Wachstum und Blütenknospen freizulegen, die eine neue Saison ankündigen. Die grünen Triebe der Schneeglöckchen zeigen sich gerade – ich bin immer wieder erstaunt, wie diese zarten Blumen sich erst durch den frostigen Boden drücken und dann den Gefahren des Winters trotzen können. Die einsame Blüte einer selbstausgesäten Roten Lichtnelke (*Silene dioica*) steht wie ein Leuchtfeuer im hinteren Teil des schattigen Beetes – eine winterliche Erinnerung, in welcher Jahreszeit wir uns befinden. Die Rote Lichtnelke ist eine wuchernde Pflanze, die in Schach gehalten werden muss – in Süd-Devon sind Wege und Hecken im Frühsommer übersät davon –, doch dieser einsame Ausreißer ist eine willkommene Bereicherung des Beetes. Selbstaussaat, ob von Wild- oder Gartenpflanzen, ist der Schlüssel zum scheinbar „zufälligen" Charakter des Cottage-Gartens (aber ein schlauer Gärtner lernt, dies zu lenken und zu kontrollieren, damit der Garten nicht von dominanten Pflanzen überwältigt wird).

Für Winterfarbe in unserem Cottage-Garten:
Oben links Krokus 'Ruby Giant'
Oben rechts Schneerose (*Helleborus niger*)
Unten links Eine blühende Kirsche
Unten rechts Wolfsmilch (*Euphorbia*)

DIE STARS DES COTTAGE-GARTENS IM WINTER

Wer an einen Cottage-Garten denkt, dem sei verziehen, dass er sich den Sommer in seiner ganzen Pracht vorstellt, mit wogenden Beeten voller Farben, Düfte und vor allem: Blumen. Doch auch im tiefsten Winter kann der Cottage-Garten glänzen.

An einem trüben Tag gibt es nichts Schöneres als den ersten Anblick von Schwertlilien, Krokussen und Schneeglöckchen, die tapfer und etwas unwirklich über dem ansonsten leblos scheinenden Boden blühen.

Eins der ersten Dinge, die ich beim Umgraben meiner neuen Beete tat, war, eine Handvoll winziger Krokus- und Schwertlilien-Zwiebeln in die Erde zu streuen. Drei Monate später (und jetzt bereits ein weiteres Jahr später) ragen die grünen Spitzen in den Himmel und erinnern mich mit Freude daran, dass die Jahreszeiten und der Garten voranschreiten.

Meine Favoriten sind die kleinen grünen, schwertförmigen Blätter des Krokus mit ihrer charakteristischen weißen Mittelrippe, gefolgt von den prächtigen becherförmigen Blüten, die oft einen betörenden Duft verströmen. Der Krokus ‚Snow Bunting', den man in großen Packungen kaufen kann, ist einfach wunderschön, besonders in Kombination mit der höheren, und vielleicht eleganteren, *Iris* ‚Harmony' sowie Elfenkrokus ‚Purple Whitewell'. Natürlich darf man auch die Schneeglöckchen nicht vergessen. Ich habe fünfzig Zwiebeln des Gewöhnlichen Schneeglöckchens (*Galanthus nivalis*) geschenkt bekommen, die ihr neues Zuhause in einem schattigen Beet unweit des Wintergartens gefunden haben. Mit der Zeit werden sie sich ausbreiten und ein „Drift" aus perlweißen und herrlich duftenden Blüten bilden.

East Lambrook Manor in Somerset, die geistige Heimat des Cottage-Gartens, ist ein Mekka für Schneeglöckchen-Liebhaber (auch bekannt als „Galanthophile"), weshalb ein Besuch im Februar ein Muss ist, sofern Sie die Möglichkeit dazu haben. Da wachsen Heerscharen dieser kleinen Zwiebelblume – soweit das Auge reicht tummeln sie sich unter den Haselnusssträuchern mit den spinnenartigen gelben Blüten. Der andere Favorit im winterlichen Cottage-Garten ist natürlich die Nieswurz, wovon die Christrose, *Helleborus niger*, mit ihren zarten, nickenden weißen Blütenköpfen als erstes blüht und die, in Grüppchen gepflanzt, besonders gut aussieht. Etwas später erscheint die Orientalische Nieswurz, *Helleborus × hybridus*, in ihrer erstaunlichen Vielfalt an Mustern und Farben,

Unten, beide Bilder Ein mit Flechten überzogener Terrakotta-Krug dient, ebenso wie ein von Raureif überzogener Samenkopf, als Blickfang

Linke Seite

Oben links Schneeglöckchen (*Galanthus*) 'Atkinsii'
Oben rechts *Skimmia japonica* 'Godrie's Dwarf'
Unten links Seidelbast (*Daphne*) 'Spring Beauty'
Unten rechts *Iris* 'Katharine Hodgkin'

gezüchtet über viele Jahre von spezialisierten Baumschulen.

Sträucher fungieren natürlich als Rückgrat eines jeden Gartens, doch der Cottage-Garten, meist ein kleines Grundstück, hat vielleicht nur Platz für einige wenige. Blühende Sträucher wie Haselnuss oder, in meinem Fall, *Skimmia*, sorgen für Abwechslung im Winter und unterstützen dabei auch die Tierwelt. Beeren sind eine willkommene Nahrungsquelle für Vögel, vor allem für Drosseln. Stechpalmen sind von unschätzbarem Wert, und selbst der bescheidene Efeu bietet späten Nektar für Schmetterlinge und Bienen sowie beliebtes Vogelfutter in Form dunkler Beeren. Die Winterblühende Heckenkirsche (*Lonicera fragrantissima*) lockt Insekten an, von denen sich wiederum die Vögel ernähren, und obendrein duftet sie herrlich. Auch Seidelbaste sind besonders wohlriechende Sträucher – vor allem ‚Jacqueline Postill' wird mit ihrem betörenden Duft für Begeisterung sorgen.

Ein Cottage-Garten kann eine wahre Speisekammer für die Tierwelt sein, daher lohnt es sich, ein paar Sträucher und sogar kleine Bäume einzuplanen, die nicht nur gut aussehen, sondern auch unseren tierischen Freunden nützlich sind. Wir hatten das Glück, bei unserem Einzug einen alten und prächtigen Weißdornbaum übernehmen zu können. Er ist immer voller Vögel, zumal ich durch das Aufhängen eines Vogelkastens im Baum einen lärmenden Haufen Blaumeisen angelockt habe. Meine Schwester hat mir zu einem „besonderen" Geburtstag einen Holzapfel, *Malus* ‚John Downie', geschenkt, der ideal für einen kleinen Cottage-Garten ist. Obwohl er im Winter sehr unscheinbar ist, hat er im Frühjahr wunderschöne Blüten und im Herbst erstaunlich viele Früchte. Kurzum – der Baum ist großartig für die Tierwelt, schön anzusehen und verspricht für die kommenden Jahre reichlich Holzapfelgelee.

AKZENTE IM WINTERLICHEN COTTAGE-GARTEN

Bei der Planung und Gestaltung eines jeden Gartens ist es wichtig, an die Strukturen zu denken, nach denen sich die Bepflanzung richtet. Die Blumenbeete in Gravetye beispielsweise sind optisch an der Sonnenuhr in der Gartenmitte verankert. In Barnsley House in den Cotswolds wölben sich die prächtigen, leuchtenden Ranken eines Goldregen-Tunnels über einen gepflasterten Weg und setzen die Allium- und Tulpenpflanzen an dessen Rand perfekt in Szene. Ein Cottage-Garten ist eher eine heimelige Angelegenheit und setzt auf ruhigere und rustikalere Strukturen, die aber dennoch eine ähnliche Wirkung wie ein herrschaftlicher Garten erzielen können. Im Winter sind diese Strukturen besonders wichtig: Geschickt platzierte Terrakottatöpfe, Amphoren oder Bleichtöpfe für Rhabarber halten ein ansonsten eher leeres und lebloses Beet zusammen. Samenköpfe hoher Pflanzen eignen sich hervorragend als Blickfang, ebenso wie Haselnuss-Wigwams, die von Sommerkletterern befreit wurden, eine Sitzbank am Ende eines gepflasterten Weges oder auch nur die klapprige Holztür eines Geräteschuppens, die mit in der Erde gefundenen Hufeisen behängt ist – all dies kann zu wichtigen Elementen auf der Leinwand des Gartens werden, die der Frost zu einem Bildmotiv verzaubert. Ein Wintermorgen, an dem die Sonne den Nebel durchdringt und die mit Frost überzogenen Blätter oder – was hier viel zu selten vorkommt – den unberührten Schnee hervorhebt, reicht aus, um selbst die Faulsten unter uns in den Garten zu locken und seine Schönheit zu bewundern.

Das Aufräumen, Pflegen und Sortieren im Schuppen ist eine willkommene Abwechslung an kalten, dunklen Wintertagen

Die Gestaltung des Gartens in Bowhay ist mit seinen diagonal verlaufenden, gekreuzten Wegen zwischen den Beeten sehr einfach, dank der Rosenbögen wird das Auge jedoch in die Ecke gelenkt, wo ein einfacher Zinntrog einen Blickfang bildet. Der Rest des Gartens ist um diese Sichtachse herum strukturiert, sodass auch im Winter eine gewisse Höhe vorhanden bleibt und einfache Elemente die Blicke auf sich ziehen: ein Bleichtopf für Rhabarber, ein alter Schornstein und ein hohes Haselnuss-Wigwam zum Beispiel. Mit dem Ende des Winters und dem Sprießen der ersten Frühlingszwiebeln wird die Bühne für eine neue Darbietung vorbereitet.

WAS IM WINTERLICHEN GARTEN ZU TUN IST

Der Winter ist in jedem Garten eine ruhige Zeit, aber es gibt trotzdem immer genug zu tun, wenn man wie ich an Weihnachten über die Stränge geschlagen hat und das Bedürfnis nach frischer Luft und etwas ehrlicher Arbeit verspürt, um die Schuldgefühle zu lindern!

Sogar das Aufräumen des Schuppens kann kathartisch wirken, während das Durchstöbern der Saatgutkataloge und das Abhaken der Pflanzen-Wunschliste die Stimmung heben. Ich genieße es, meine Töpfe zu ordnen, sie auszubürsten und nach Größe zu sortieren. Das ist auch ein guter Zeitpunkt, um die Regale aufzuräumen und die Fenster zu putzen. Man sollte nach notwendigen Reparaturen Ausschau halten, z. B. Werkzeuge schärfen und ölen, gebrauchte Bambusrohre zusammenbinden und zerbrochene Töpfe recyceln, um sie als Untersetzer für neu bepflanzte Gefäße zu verwenden.

Draußen gibt es ebenfalls viel zu tun: permanente Pflanzenstützen ausbessern (ich habe ein Haselnuss-Wigwam, welches dieses Jahr etwas liebevolle Zuwendung benötigte), Stauden stutzen und Sträucher schneiden. Bepflanzen Sie ein oder zwei Wintergefäße – die selbst zu dieser Jahreszeit möglichen Kombinationen aus Blättern und Farben können bis zum Frühjahr für Abwechslung sorgen.

Es ist ratsam, das Laub auf Wegen und Terrassen wegzufegen, damit es weniger rutschig ist. Lassen Sie jedoch einige Blätter in den hinteren Bereichen der Beete liegen, da sich die Insekten gerne darunter verstecken. Sofern Sie Platz haben, können Sie das Laub ein Jahr lang in einem löchrigen Müllsack aufbewahren und erhalten damit einen schönen Laubkompost als Bodenverbesserer.

AVON BULBS
SEEDS
Seed type:
Variety:
Date collected:
Notes:
Seed type: Chives
Variety:

Pflanzen Sie Tulpenzwiebeln möglichst vor Weihnachten ein

Schützen Sie alle Topfpflanzen, wenn Frost vorhergesagt ist, und prüfen Sie, ob sie gegossen werden müssen (achten Sie besonders auf immergrüne Pflanzen). Wenn sie im Winter an einem geschützteren Ort stehen, bekommen sie vermutlich keinen Regen ab, weshalb man sie im Auge behalten sollte.
Ich finde, der Winter ist ein guter Zeitpunkt, um sich die Beete genau anzusehen und zu prüfen, was eventuell versetzt oder welche Lücke gefüllt werden müsste – zu dieser Jahreszeit ist alles am stärksten zurückgeschnitten, sodass man jetzt den allgemeinen Aufbau des Gartens am besten erkennt. Die meisten Pflanzen wurden bereits im Herbst geschnitten und versetzt, aber für Vögel und Tiere übriggelassene Samenstände können nun überprüft und bei Bedarf entsorgt werden.
Auch im Winter gibt es einige Samen, die ausgesät werden können. Ich habe gerade Ringelblumen, Mohn, Stockrosen und Rittersporn gesät, und da ein Cottage-Garten einfach Duftende Platterbsen haben muss, beginnt jetzt die Zeit für eine erste frühe Aussaat. Verwenden Sie tiefe Töpfe (oder besser noch Anzuchtplatten für Tiefwurzler), da Hülsenfrüchte (wie Erbsen und Bohnen) lange Wurzeln bilden, und decken Sie sie ab. Ein wenig Wärme ist hilfreich, also kann ein Anzuchtkasten nützlich sein, ist aber nicht unbedingt erforderlich. Auch ohne Wärme sollten die Samen in etwa zehn Tagen austreiben.
Rosen und andere Sträucher können zu dieser Jahreszeit geschnitten werden. Verwenden Sie dazu eine frisch geschärfte Gartenschere und schneiden Sie alle sich kreuzenden oder berührenden Triebe sowie abgestorbene oder schwache Zweige heraus. Kürzen Sie Rosentriebe knapp über einer nach außen gerichteten Knospe, damit die Pflanze nach außen wächst und innen nicht zu dicht wird. Wie immer ist es ratsam, sich über Schnitttechniken für bestimmte Pflanzen zu informieren, denn was bei einer Pflanze funktioniert, ist für eine andere vielleicht nicht das Richtige.

Aufgaben im Winter

1 Vogelfütterung: Fettkugeln oder Nussspender aufhängen und geeignetes Saatgut auslegen; sogar ungekochte Speckschwarten werden von den Vögeln geschätzt.

2 Stauden pflegen: Abstehende Pflanzenstängel und verblühte Blumen stutzen, dabei unbedingt einige Samenköpfe für die Vögel übriglassen.

3 Kompost wenden und den Haufen dabei „schichten" (Sie können sogar Pappe verwenden, solange sie zerrissen ist).

4 Gräser „kämmen", um abgestorbene Blätter zu entfernen: Die Gräser sehen so besser aus und das trockene Laub kann auf den Komposthaufen wandern.

5 Rosen stutzen: zurückschneiden um maximal ein Drittel. Sich kreuzende Zweige und totes Holz entfernen.

6 Nieswurze zurückschneiden, damit der Neuaustrieb in den nächsten Monaten gut zur Geltung kommt.

7 Werkzeuge schärfen und den Schuppen aufräumen, Oberflächen reinigen und Fenster putzen. Alte Töpfe sortieren – und den Boden fegen!

8 Tulpenzwiebeln möglichst bis Weihnachten einpflanzen. Sie können auch später gepflanzt werden, aber der frühe Winter ist der ideale Zeitpunkt.

9 Erbsen im Winter aussäen, damit sie im nächsten Jahr prächtig gedeihen.

10 Einen Winterkranz aus immergrünem Laub und Beeren aus dem Garten anfertigen, sofern Sie das möchten.

EIN PROJEKT FÜR EINEN WINTERTAG

Aussaat von Duftender Platterbse

Torffreie Universalerde mit etwas Sand ergibt eine schöne, leichte Mischung

Aussäen der Duftenden Platterbsen

Förderung der Keimung im Anzuchttopf

Keimlinge beim Wachsen

SOLO POMODORO
MUTTI
PARMA

Links Schneeglöckchen in alten Terrakottatöpfen und *Iris* 'Harmony' in einer wiederverwendeten Tomatendose

Oben (beide Bilder) Eintopfen von orangefarbenen Polyanthus-Primeln in einen alten Blecheimer, kombiniert mit Palisaden-Wolfsmilch (*Euphorbia characias*)

TÖPFE UND PFLANZGEFÄSSE IM WINTER

Mit farbenfrohen oder duftenden Winterblühern bepflanzte Töpfe heben die Stimmung in den dunklen Monaten. Sie sind einfach anzulegen und erfordern nur wenig Pflege.

Platzieren Sie die Töpfe vor der Hintertür, wo sie geschützt stehen und Sie sich an ihnen erfreuen können. Immergrüne Blattpflanzen, Kräuter, Blumenzwiebeln und Beetpflanzen ergeben ein genauso reizvolles Schauspiel wie im Frühling oder Sommer. Natürlich haben sich die früheren Cottage-Gärtner auf die praktischen Dinge konzentriert, aber ich kann mir gut vorstellen, dass auch sie damals schon ein paar Töpfe mit allen Blumen bepflanzt haben, die verfügbar waren: vielleicht mit ein paar Schneeglöckchen oder einer streunenden Wolfsmilch, die sie ausgegraben hatten.

Für die kalten Monate gibt es einige praktische Überlegungen: Wählen Sie zunächst die richtigen Töpfe aus – achten Sie auf frostbeständige Töpfe, wenn Sie Terrakotta, Stein oder Verbundmaterialien verwenden, da diese sonst beim Gefrieren und Auftauen Risse bekommen können. Vielleicht sollten Sie auch

In diesem großen, wiederverwendeten Blechkübel bilden Klebsamen (*Pittosporum*) ‘Elizabeth’ und Heidekraut (*Erica*) ‘Darley Dale’ eine violette Kulisse für Schneeglöckchen und Primeln

über „halbe Fässer“ aus Holz nachdenken, die die empfindlichen Pflanzenwurzeln bei sinkenden Temperaturen besser schützen.

Sie können sogar recycelte Haushaltsgefäße verwenden – alte Blechdosen (z. B. große italienische Tomatendosen von Restaurants aus der Umgebung) sehen toll aus, wenn man sie mit Frühlingszwiebeln füllt. Die frühen Cottage-Gärtner verwendeten zerbrochene Teetassen, Teekannen, löchrige Gießkannen und ausgediente Schubkarren als Pflanzgefäße wieder.

Achten Sie außerdem auf die richtige Erde. Verwenden Sie immer frischen Kompost, denn alter Kompost ist in der Regel nährstoffarm und kann Schädlinge oder Krankheiten beinhalten. Vergewissern Sie sich auch, dass Sie die optimale Erde verwenden – eine Universalerde reicht für die meisten Pflanzen aus, aber achten Sie darauf, welchen Boden Ihre Pflanzen benötigen. Beispielsweise brauchen Pflanzen wie Kamelien und Scheinbeeren saure Erde. Unabhängig davon, welche Art von Erde Sie verwenden, lohnt es sich wahrscheinlich, ein wenig Splitt beizumischen, um die Drainage zu verbessern. Vergewissern Sie sich immer, dass sich am Boden der Töpfe Drainagelöcher befinden. Außerdem würde ich empfehlen, die Töpfe entweder auf „Topffüßen“ oder einfach auf gleichmäßig großen Steinen aufzustellen. Pflanzen mögen es nicht, wenn sie in kalter Staunässe stehen.

Achten Sie beim Bepflanzen der Gefäße darauf, die neuen Pflanzen in der richtigen Tiefe einzusetzen (in der Regel die gleiche Tiefe wie in den ursprünglichen Töpfen) – und machen Sie sich nicht zu viele Gedanken darüber, ob sie genug Platz zum Wachsen haben: Im Winter wachsen sie ohnehin nicht viel, also können Sie die Pflanzen ruhig dichter setzen. Drücken Sie die Erde fest und bedecken Sie den gesamten Topf mit etwas Mulch, z. B. Splitt, Rinde oder Kieselsteinen, damit die Erde bei Regen nicht weggeschwemmt wird. Zudem verringert dies den Wasserverlust durch Verdunstung und verhindert die Keimung von Unkraut. Vergessen Sie nicht, Ihre Töpfe an einen sonnigen Platz zu stellen – am besten in Türnähe. Die meisten Pflanzen wachsen zu dieser Jahreszeit nicht so stark wie im Frühjahr oder Sommer, also sollten Sie welche auswählen, die bereits eine gute Größe haben. Für den hinteren Teil des Arrangements etwas Höheres, vielleicht eine Konifere oder ein kleiner Strauch, und vorne etwas wie ein Efeu, das über den Topf ragt. Ich stecke gerne ein paar Frühlingszwiebeln dazwischen, damit der Topf möglichst lange interessant bleibt. Eine Konifere ist das ganze Jahr über schön, aber ich bevorzuge kleine Sträucher mit hübschem Blattwerk, z. B. Gewöhnlichen Buchsbaum, Lorbeer, Skimmie oder Klebsamen (*Pittosporum*) – oder Fleischbeere (*Sarcococca*), ein immergrüner Zwergstrauch mit duftenden Blüten. Gräser sorgen für Struktur und Farbe und viele Farne haben ein attraktives, immergrünes Blätterkleid. Auch einige mehrjährige Pflanzen eignen sich perfekt: Purpurglöckchen haben immergrüne oder halb-immergrüne Blätter in Grün- oder satten Pflaumentönen, einige mit exquisiter Musterung; und auch viele Heidekrautgewächse sorgen in den Wintermonaten für Farbe.

EIN INSPIRIERENDER WINTERGARTEN

East Lambrook Manor Garden ist international als Mekka für Cottage-Gärtner bekannt.

Die Gärtnerin und Schriftstellerin Margery Fish entwarf den Garten in den 1940er bis 1960er Jahren. Sie war eine Späteinsteigerin beim Gärtnern, doch bereits als Anfängerin hatte sie ein brillantes Auge für Farben und Formen und verkörperte den Inbegriff einer Cottage-Gärtnerin, indem sie einfache, gewöhnliche Blumen in großer Zahl und mit einem erfrischenden Mangel an Formalität einsetzte. In einem ihrer Bücher, „*Cottage Garden Flowers*“, das 1961 erschien, schreibt sie: „Nirgendwo auf der Welt gibt es etwas Vergleichbares zum englischen Cottage-Garten. In jedem Dorf und Weiler des Landes gibt es diese kleinen Gärten, immer fröhlich, niemals herausgeputzt, und ganz offensichtlich sehr geschätzt. Leider gibt es heute nicht mehr so viele davon, da die Cottages aus Backstein mit ihren Strohdächern und winzigen, schiefen Fenstern verschwinden, um Sozialwohnungen und modernen Bungalows Platz zu machen. Doch die Blumen sind geblieben, Blumen, die wegen ihrer einfachen, unveränderlichen Qualitäten als „Cottage Flowers“ bekannt geworden sind.“ East Lambrook hatte verschiedene Besitzer, aber der Garten blieb im Grunde immer ein Cottage-Garten. Heutzutage ist er zu jeder Jahreszeit beliebt, und der Winter – für jeden Garten eine schwierige Phase – ist sogar eine der besten Zeiten für einen Besuch in East Lambrook. Die Schneeglöckchen-Blüte ist fantastisch und typische Cottage-Elemente, die den Garten zieren, sind die perfekte Ergänzung zur winterlichen Landschaft. Ein altes Weinfass dient als Wassertonne und bietet, mit einer Gruppe Schneeglöckchen darunter, einen malerischen Anblick. Zudem gibt es eine ausgezeichnete kleine Gärtnerei und einen wunderbaren Teeladen!

Unten (beide Bilder) East Lambrook Manor an einem Wintertag: Schneeglöckchen neben einem alten Holzfass und Elfen-Krokusse (*Crocus tommasinianus*) unter einem Berg-Ahorn (*Acer pseudoplatanus*) ‘Leopoldii’ fangen die Morgensonne ein

Rechts Wenn Sie kleine Pflanzen wie diese Nieswurz (*Hellebores*) fotografieren, lohnt es sich, tief in die Hocke zu gehen und die Blüten von unten zu betrachten

WAS MAN IM WINTER FOTOGRAFIEREN KANN

– plus Tipps und Tricks

Das Fotografieren im winterlichen Garten kann sich als schwierig erweisen, vor allem, wenn man Zwiebelblumen fotografiert, da diese in der Regel nah am Boden wachsen.

Mein Rat ist, sich auf alle Viere zu begeben, sodass sich die Kamera oder das Handy genau auf Bodenhöhe befindet. (Ich empfehle, Knieschoner zu kaufen und Kleidung zu tragen, die ruhig schmutzig werden darf!) Wenn man die Form der ganzen Pflanze einfangen möchte, benötigt es eine möglichst tiefe Position. Und wenn Sie Nieswurz und Schneeglöckchen betrachten, sollten Sie Ihr Objektiv nach oben richten, da die Blütenköpfe im Allgemeinen nach unten zeigen.

Wählen Sie einen windstillen Tag (was bei mir mitten im Winter nicht so einfach ist), denn schon der kleinste Windhauch lässt Bilder unscharf werden. Wie üblich empfehle ich, im Garten ein Stativ zu verwenden, damit die Kamera nicht wackelt, aber wenn Sie eine ruhige Hand haben, können Sie auch so fotografieren. Das ist praktischer, wenn man von unten auf die Blume schauen will. Außerdem ist es hilfreich, weißes Papier oder Pappe zu verwenden, um damit etwas Licht auf die Blüte zu reflektieren.

Heutzutage ist es jedoch recht einfach, mit einer Software Bereiche des Bildes aufzuhellen, wenn Sie etwas ambitionierter sind. Was die Einstellungen angeht, so sollten Sie bei einer guten Kamera mit veränderbarer Blende und Verschlusszeit eine große Blende für eine geringe Schärfentiefe wählen – so entsteht ein interessantes Bild mit schönen weichen Blütenblättern, die in der Mitte von gestochen scharfen Staubgefäßen umgeben sind.

Die Natur hereinlassen

Als ich im hinteren Teil eines Beetes herumkrabbele, entdecke ich die kleine rosa Blüte des Ruprechtskrauts (*Geranium robertianum*) und ihr fein geschnittenes Blattwerk, welches sich über die sonnenbeschienene Erde ausbreitet.

Die auch als „Stinkender Storchschnabel" bekannte Pflanze ist unauffällig, aber eine wichtige Nahrungs- und Nektarquelle für viele Bienen und Schwebfliegen.
Ein Stück weiter, zwischen einem Bestand an Fingerhut, ist das unverkennbare riesige Blatt eines Bärenklaus zu sehen. Früher, jedenfalls in meinem letzten Garten (in der Stadt), hätte ich diese beiden Pflanzen sofort herausgerissen, mittlerweile jedoch nicht mehr. Was manche als „Unkraut" bezeichnen, habe ich zu schätzen gelernt. Noch immer wähle ich sorgfältig aus, aber ich achte darauf, einiges davon zu belassen. Ich mag diese recht hüb-

schen, einheimischen Pflanzen und habe erkannt, dass auch sie ihre Existenzberechtigung haben.
Haben Sie schon einmal einen 1,8 Meter hohen Gemeinen Bärenklau (*Heracleum sphondylium*) im Hochsommer gesehen, der mit Schwebfliegen übersät ist? Solch einen Anblick sollte man sich nicht entgehen lassen und ihn zu schätzen wissen. (Nicht zu verwechseln mit dem Riesen-Bärenklau (*Heracleum mantegazzianum*), einer invasiven und schädlichen Art). Aus dem oberen Teil unserer Mauer wächst ein weiterer Doldenblütler, der Pferdeeppich (*Smyrnium olusatrum*). Er ist essbar (die Samen schmecken wie schwarzer Pfeffer, die Wurzeln wie Pastinaken und der Stängel ein wenig wie Brokkoli). Der Frühlingsblüher liebt die Meeresbrise und hält sich hier gut.
In einem schattigen Beet unter dem Kirschbaum wachsen Knoblauchsrauken (*Alliaria petiolata*), die durch vorsichtiges Jäten in Schach gehalten wurden, sowie Rote Lichtnelken (*Silene dioica*), die sich in dieser kühleren und schattigeren Lage wohlfühlen und sich neben anderen traditionellen Gartenpflanzen behaupten können. Die Lichtnelke eignet sich hervorragend, um Lücken zu füllen, während man auf die später einsetzende Blüte der Kamelien und Japanischen Anemonen (*Anemone × hybrida*) wartet. Während ich dies am Ende des Sommers schreibe, blüht sie immer noch im Schatten des Kirschbaums. Ganz vorne im Beet steht der Glänzende Storchschnabel (*Geranium lucidum*) mit seinen kleinen rosa Blüten und glänzenden Blättern. Wenn er bis zum Spätsommer bleiben darf, färben sich seine Blätter und Stängel tiefrot – in meinen Augen überstrahlt er alle „richtigen" Blumen.
Gemein ist vielen dieser einheimischen Pflanzen ihre Bedeutung für Bestäuber (was wären wir ohne Bestäuber für unsere Tomaten, Äpfel sowie den Samenvorrat für das nächste Gartenjahr?) und als Nahrungsquelle für die Raupen, aus denen die nächste Generation von Schmetterlingen und Nachtfaltern entsteht. Diese Insekten wiederum sind wichtig für die Vögel und Teil eines gesunden Ökosystems. Doch nicht nur Vögel fressen Insekten. Sie sind auch ein wichtiger Bestandteil der Ernährung von Igeln, Spinnen, Fledermäusen, Fischen, Fröschen und Kröten. Es gibt sogar einige Insekten, darunter Wespen, Marienkäfer und Ameisen, die andere Insekten fressen.
Lange Zeit haben wir versucht, „Unkraut" auszurotten, indem wir es mit Chemikalien bespritzt oder die Erde gepflastert und geteert haben. Wir haben sogar Rasenflächen durch Plastikgras ersetzt! „Schädlinge" im Garten versuchten wir mit tödlichen Spritzmitteln loszuwerden, und die Beete wurden im Herbst so ordentlich geputzt, dass Insekten und wirbellose Tiere keinen Platz mehr fanden. Das Gleichgewicht der Natur ist in unseren Gärten verloren gegangen, und da sie einen beträchtlichen Teil unserer Landmasse ausmachen (im Vereinigten Königreich beträgt die Gartenfläche mehr als das Viereinhalbfache der Fläche Nationaler Naturschutzgebiete), haben wir einigen Schaden angerichtet. Glücklicherweise scheinen wir die Kurve bekommen zu haben (oder wir sind am Tiefpunkt angekommen!), und die Popularität von Aktionen wie „Vogelbeobachtung im Garten" des RSPB oder der „No Mow May" („Kein Mähen im Mai") von Plantlife zeigt, dass sich die modernen Gärtner der Problematik stärker bewusst sind als noch vor ein paar Jahren.
Was können wir tun? Ein Cottage-Garten kann leicht zum naturnahen Garten werden, was er traditionell ja auch war. Wir lieben die Selbstaussaat, das Pflanzengewirr, die wilden oder einheimischen Pflanzen, die zur Vielfalt

Linke Seite

Hier scheint der Wiesen-Kerbel (*Anthriscus sylvestris*) regelrecht durch das Gartentor einzubrechen

Rechte Seite

Oben Pferdeeppich (*Smyrnium olusatrum*) auf unserer Gartenmauer

Unten Ein Beet mit Glänzendem Storchschnabel (*Geranium lucidum*) und Schwarzer Flockenblume (*Centaurea nigra*)

Oben Wiesenhummeln lieben die Frühlingskrokusse

Unten Gemeiner Bärenklau im Sommer, bedeckt mit Schwebfliegen

beitragen. Wenn ein Cottage-Gärtner seinen Garten so bepflanzt, dass er auch im Spätherbst und Winter noch interessant ist (sogar für den Garten-Fotografen!), gibt es auch länger Blüten mit Pollen (ich bin oft überrascht, wie viele frühe Bienen im Spätwinter Schneeglöckchen und Krokusse besuchen). Wenn wir also in diesem Sinne pflanzen, tragen wir dazu bei, die Tierwelt zu ernähren. Gleichzeitig nähren wir damit auch uns selbst. Wir alle wollen das ganze Jahr über Blumen und interessante Pflanzen sehen. Eine Parade von Schneeglöckchen, gefolgt von Tulpen, Vergissmeinnicht, Allium, wiederum gefolgt von Rosen, Dahlien, Sonnenblumen und Astern und noch mehr Schneeglöckchen, hält uns das ganze Jahr über bei Laune.

Eine Auswahl an Sträuchern gibt unserem Cottage-Garten einen Rahmen; diese Strukturpflanzen können sich in den Wintermonaten behaupten, wenn die Stauden unter der Erde ruhen. Suchen Sie nach Pflanzen, die in den ruhigeren Jahreszeiten verlässlich blühen und Früchte tragen, denn die Tierwelt wird es Ihnen danken. Gestalten Sie die Saison abwechslungsreich, indem Sie die Samen gestaffelt aussäen, sodass die Blüten in Wellen kommen und nicht alle auf einmal. Das für den Cottage-Garten typische, bunt gemischte „Durcheinander" von Blumen, ist ebenfalls von Vorteil und lockt eine Vielzahl von Insekten an. Bezüglich der Sorten sollte man möglichst viele mit ungefüllten Blüten wählen, da es für Insekten bei gefüllten Blüten schwieriger ist, an die Pollen zu gelangen.

Einen Teich anzulegen, macht einen Garten ebenfalls sehr viel tierfreundlicher. Er kann so groß sein, wie es für Ihren Garten am besten passt, von einem einfachen Eimer oder einem alten Waschbecken, das in den Boden eingelassen wird, bis hin zu einem viel größeren, richtig ausgekleideten und bepflanzten

Oben Vorsicht, Igel!
Unten Auch kleine Teiche sind gut für die Tierwelt

Teich. Wasser ist eine der besten Möglichkeiten, der Fauna Gutes zu tun – von Vögeln, die zum Baden kommen, bis hin zu Fröschen, Molchen, Libellen und sogar Ringelnattern, die hier Schutz, Flüssigkeit und Nahrung finden. Übrigens ist ein Teich auch gut für uns: Wasser fasziniert, beruhigt und ist wunderschön. Außerdem bietet er viele Fotomöglichkeiten!

Ein Holzhaufen ist ein hervorragendes Mittel, um Insekten anzulocken und unerwünschte Holzabfälle zu verwerten. Die Insekten nutzen den Haufen als Wohnung und Vorratskammer, und zusammen mit Pilzen helfen sie, das Holz im Laufe der Zeit abzubauen. Platzieren Sie den Haufen an einem schattigen Ort (ich habe einen am hinteren Ende eines tiefen Beetes und er ist jetzt praktisch unsichtbar). Solche Orte sind attraktiv für Insekten und damit auch für Igel – ich habe Anfang des Jahres zum ersten Mal einen Igel in diesem Garten gesehen. (Sie glauben gar nicht, wie aufgeregt ich war!) Wenn Sie Ihre Igel behalten wollen, versteht es sich von selbst, ihnen den Ein- und Austritt in den Garten zu ermöglichen, indem Sie Zugangslöcher in Hecken oder Zäunen schaffen – und verwenden Sie kein Schneckengift, das für alle Wildtiere giftig ist.

Widerstehen Sie der Versuchung, den Rasen einmal pro Woche zu mähen, sondern lassen Sie das Gras ruhig wachsen. Plantlife (eine großartige Organisation, die sich für unsere einheimischen Pflanzen im Vereinigten Königreich engagiert) hat eine Kampagne ins Leben gerufen, die dazu auffordert, Rasen und Grünflächen im Mai einen Monat lang wachsen zu lassen. Das hilft den Bestäubern, bekämpft die Umweltverschmutzung und trägt dazu bei, Kohlenstoff aus der Atmosphäre im Boden zu binden. Sie werden erstaunt sein, wie viele Wildblumen auf Ihren Rasenflächen gedeihen: Wunderschöne Blu-

men, Sauergrasgewächse und einheimische Gräser tauchen im Sommer innerhalb weniger Wochen auf. Wenn Sie mit dem Rückschnitt sogar bis zum Spätsommer warten („Lasst sie im Juni blühen!"), haben diese Pflanzen die Chance, sich selbstauszusäen, und Sie werden im nächsten Jahr noch mehr davon haben. Seit den 1970er Jahren haben wir im Vereinigten Königreich 97 Prozent unserer Blumenwiesen verloren und damit auch lebenswichtige Nahrung für Bestäuber. Auf diese Weise können wir dazu beitragen, das Gleichgewicht wiederherzustellen.

Geben Sie den Vögeln ein paar Kästen und sie werden nisten. Mein eigener Kasten hängt auf halber Höhe des Weißdornbaums und ist seit der ersten Woche, in der ich ihn angebracht habe, ein Zuhause für die Blaumeisen in meinem Garten. Sie scheinen sich dort wohlzufühlen und sind sehr gut darin, die Blattläuse zu beseitigen, die es auf meine Lupinen abgesehen haben.

Zu guter Letzt: gärtnern Sie biologisch. Verwenden Sie keine Chemikalien, um sogenannte Schädlinge oder Unkräuter zu bekämpfen. Lassen Sie die Natur ihre Arbeit tun – sie beherrscht diese Aufgabe viel besser als wir.

Herr Brazil wohnt in unserer Straße und bezeichnet seinen Garten als „geschaffen für Wildtiere": Er ist voller Wildblumen, die, von einem gelegentlichen Schnitt abgesehen, ungestört blühen dürfen

6 WEITERE BEISPIELE traumhafter Cottage-Gärten

Ein Topfgärtchen und die Schuppenwand begrenzen den kleinen Gartenraum mit dem Pflanztisch. Dort kann man Töpfe und Schalen in angenehmer Höhe bepflanzen

Auf den nachfolgenden Seiten präsentiert Susanna Cznottka die schönsten Beispiele an Cottage-Gärten, die zum Nachmachen einladen sollen.

Susanna Cznottka ist seit über dreißig Jahren leidenschaftliche Hobbygärtnerin. Nach einer Weiterbildung im Gartendesign begleitete sie zunächst Hauseigentümer bei der Gestaltung ihrer Gärten und schreibt seit 2019 den Blog „Einfach Garten" (einfach-garten-blog.de).

Hier stellt sie drei Gärten aus ihrer Rubrik „Besuche in Gärten, Gärtnereien und Parks" sowie ihren eigenen Garten vor.

SUSANNAs GARTEN

Die ersten Beete waren angelegt und der Rasen grünte, bevor unser Haus vor 20 Jahren überhaupt bezugsfertig war. Ich konnte es kaum erwarten, hier unser Gartenparadies entstehen zu lassen.
Das Grundstück hat eine leichte Hanglage und ich wollte mit dem natürlichen Gelände arbeiten. Also mussten Steine aus einem nahegelegenen Steinbruch her, um Trockenmauern aufzuschichten und Beete einzufassen. Immer mehr Beete entstanden, immer mehr Rosen, Clematis und Stauden wurden gepflanzt. Als die Kinder keinen Spielrasen mehr brauchten, wanderten die Beete weiter in die Mitte, der Rasen wurde immer weniger. Die ersten Jahre waren geprägt von Versuch und Irrtum. Vieles blühte und gedieh sehr gut – dennoch fehlte mir etwas! Schließlich machte ich online die Ausbildung „Designing with Plants" an einem Londoner Institut. Sie öffnete mir die Augen für die Feinheiten der Gestaltung, half mir, Pflanzenkombinationen fein aufeinander abzustimmen. Ich lernte, den Garten das ganze Jahr über attraktiv zu gestalten und verliebte mich in schönes Blattwerk.
Der Garten ist niemals fertig, das kreative Gestalten mit Pflanzen und Naturmaterial macht mir große Freude und die Entwicklung des Gartens fasziniert mich noch immer. Jedes Jahr entsteht so viel Neues ...

Wenn der Pflanztisch nicht zum Topfen oder Pikieren gebraucht wird, ist er jahreszeitlich dekoriert

Oben Der abgesenkte Kiesplatz vor der Natursteinmauer ist ideal für eine Tasse Tee am Nachmittag

Unten Ungefüllte Blüten wie diese Kastanienrose schätze ich immer mehr. Sie laden Insekten zum Festmahl ein. Die dicken Pollenhöschen dieser Besucherin sprechen für sich

GESTALTUNGSTIPPS AUS UNSEREM GARTEN:

- Vergissmeinnicht verwende ich als lebenden Mulch: Sie halten die Beete zwischen Stauden unkrautfrei, bis diese im Frühsommer ihren Platz wieder ausfüllen, und schützen den Boden vor Austrocknung durch die immer kräftiger werdende Frühlingssonne.
- Ich liebe es, mit hübschem Blattwerk zu gestalten: Kontrastierende Blattfarben ziehen viele Monate lang die Blicke auf sich, während die Blütezeit vieler Stauden nur wenige Wochen anhält.
- Beeten gebe ich mit ausgeprägten Blattformen Struktur: Große runde Bergenienblätter, schwertförmige Blätter der Iris oder feine Halme von Gräsern geben dem Auge inmitten der ähnlich großen Blätter vieler anderer Stauden Halt.
- Mittelgroße und kleine Stauden pflanze ich für eine bessere Wirkung in Gruppen und Drifts. Zu viele einzelne Pflanzen sehen schnell aus wie „Malen nach Zahlen“ und das Gartenbild wird unruhig.

DIY: SPIELEREIEN MIT HAUSWURZEN

Hauswurze eignen sich zum Bepflanzen verschiedenster Gefäße, und seien sie noch so klein: Suppenkellen, alte Emaillesiebe oder Teekannen – der Phantasie sind kaum Grenzen gesetzt.

Einfach in die Pflanzgefäße mit Abzugsloch eine Drainageschicht aus Kies einfüllen ...

... Rosetten von Hauswurzen ...

... mit etwas Erde-Sand-Gemisch hineinpflanzen ...

... und mit Kies abdecken.

DIY: EINEN QUELLSTEIN BAUEN

Unseren Sprudelstein haben wir aus den gleichen Natursteinen gebaut wie die Mauern und Beeteinfassungen.

Zuerst einen Maurerkübel eingraben, das Erdreich ringsherum mit einer Folie abdecken, damit sich Kies und Erde später nicht vermischen.

Auf den Kübel einen Schwerlastrost legen und darauf ein feinmaschiges Drahtgewebe.

Steine aufschichten. Die oberen Steine mit einem Steinbohrer in der Dicke des Wasserschlauches durchbohren. Kies um den Steinhaufen herum verteilen.

Nun den Schlauch durch die Bohrung führen, an die Pumpe im Bottich anschließen und Wasser einfüllen. Zum Schluss ein Stück feinmaschiges Drahtgewebe über die kleine Öffnung für die Pumpe legen, mit Kies abdecken und die Kabel damit kaschieren.

Oben Am Rosenbogen entfalten die Kletterrosen ‘Laguna’ und ‘Utigord Falls’ ihre Blütenpracht. Zusammen mit der Clematis ‘Etoile Violette’ beranken sie auch den Zaun aus Weidenruten, der einen Gartenraum abtrennt und neugierig macht, was es dahinter zu entdecken gibt

Links Der Sandsteintrog ergänzt die Steinmauer und dient als Vogeltränke

Links Die zarten Glöckchen der Clematis 'Betty Corning' und die dunklen Blütenkerzen der Duftnessel 'Black Adder' sind ein hübsches Duo

Unten Weiße Blätter und Blüten bringen Licht in schattige Bereiche

Links Zauberhaft romantisch: die Moschusmalve und die Kleinstrauchrose 'The Fairy'

Unten Insektenfreundliche Staudenkombination mit langer Blütezeit: Storchschnabel und Sonnenhut blühen üppig, das Gras bringt auch ohne Blüten Struktur ins Beet

In der Mitte des Rasens liegt ein formaler Teich mit zwei rechteckigen Beeten an den Schmalseiten. An jeder Ecke des Beckens steht eine Amphore in Rostoptik, um die Symmetrie zu betonen

DER ROSENGARTEN BERGSCHNEIDER

Vor etwas mehr als zwanzig Jahren, als die Töchter keinen Spielrasen mehr brauchten, begannen die Bergschneiders, ihre Vorstellung eines Traumgartens auf dem Papier zu entwerfen.

Über mehrere Jahre hinweg schufen sie verschiedene Gartenräume, legten zwei Teiche an, pflanzten Hecken, Stauden und vor allem Rosen. Historische Rosen wie 'Mme Alfred Carrier', 'Reine des Violettes', 'Raubritter' und viele andere sind Brigittes große Leidenschaft. Ihnen legt sie Begleitstauden zu Füßen, die ihre Schönheit noch unterstreichen. Das 1200 qm große Stadt-Grundstück liegt an einer der Ausfallstraßen, dies bemerkt man jedoch überhaupt nicht, sobald man den Garten betreten hat – er ist ein ruhiger Rückzugsort, eine Oase für die Familie. Überall gibt es etwas zu entdecken: hübsche Vogeltränken, Gartenmöbel im romantischen Stil, bepflanzte Töpfe und vieles mehr.
Heute pflegt Brigitte, die gelernte Krankenschwester ist, den Garten ganz allein und organisiert Gartenreisen für andere interessierte Gartenliebhaber.

Das Teehaus ist Brigittes liebster Platz im Frühlingsgarten. Wenn die Sonne durch die Scheiben scheint, kann sie dort die Zwiebelblüher genießen, auf die sie sich schon den ganzen Winter gefreut hat

BRIGITTES TIPPS FÜR FUNKIEN UND LENZROSEN

Brigitte hat zahlreiche Funkien (*Hosta*).

- Die meisten kommen samt Topf in den Boden, um sie vor Wühlmausfraß zu schützen.
- In größeren Pflanzgefäßen bilden die großen Blätter von Funkien einen besonders wirkungsvollen Kontrast mit fein geteiltem Laub, wie dem von Farn oder Lerchensporn.

Auch Lenzrosen kultiviert die Hobbygärtnerin in Töpfen. Sie empfiehlt:

- Keinen Kompost verwenden, sondern frische Blumenerde, um eine neue Pilzerkrankung, die ganze Bestände zerstören kann, nicht durch den Boden einzuschleppen.
- Die Kübel im Sommer an schattige Standorte stellen
- Wenig gießen, aber die Töpfe nicht austrocknen lassen
- Im Frühjahr düngen
- Hohe Gefäße mit gutem Wasserabzug wählen, denn Lenzrosen möchten ihre Wurzeln nach unten ausstrecken und mögen keine Staunässe

Linke Seite

Oben Brigittes Tulpen-Favorit ist die orange *Fosteriana* 'Disneyland Paris'. Sie blüht bei ihr sehr zuverlässig

Unten Die weißen Narzissen 'Thalia' und die hellblauen Traubenhyazinthen (*Muscari)* sind die Lieblingskombination der Gärtnerin im Frühling. Später übernehmen Gräser und Stauden die Beete

Rechte Seite

Oben links Auf der romantischen Metallbank steht ein nostalgischer Topf mit Hornveilchen

Oben rechts Alte Teekannen schmücken den Holzzaun

Unten links Eine Säule mit ionischem Kapitell und Sukkulenten als Blickfang

Unten rechts Eine Vogeltränke in Rostoptik und eine Frauenbüste lockern das Beet auf

Linke Seite

Oben Violettes Silberblatt und leuchtend gelbe Sumpfdotterblumen sind ein zauberhaftes Frühlingsduo. Die Blätter der Iris im Hintergrund verleihen dem Bereich Struktur

Unten Einen hübschen Kontrast bilden die dunklen Traubenhyazinthen mit den leuchtenden gelbgrünen Hochblättern der Walzen-Wolfsmilch, die hier am Rand des Kiesweges wachsen dürfen

Rechte Seite

Das Gartenzimmer mit dem Pavillon grenzt direkt ans Haus. Hier kann man geschützt in der Runde zusammensitzen und den Nachmittagskaffee genießen

BLUMENZWIEBELN IN TÖPFEN

Tulpen

- Brigitte pflanzt Tulpen gerne in Töpfe.
- Nach der Blüte werden sie trocken aufbewahrt, damit die Zwiebeln nicht faulen.
- Das Laub muss an der Pflanze bleiben, bis es vertrocknet ist.

Zierlauch

- Auch die Zwiebeln der hohen Zierlauche setzt Brigitte in Töpfen in die Beete und nimmt sie nach der Blüte wieder heraus.
- Beim Herausnehmen kann sie sie auch gleich teilen, denn sie fühlen sich in ihrem Boden wohl und bilden neue Zwiebeln aus.

TIPPS FÜR ROSEN

- Pflanzt man Rosen an eine Stelle, wo zuvor bereits eine Rose wuchs, spricht man von Bodenmüdigkeit. Die Erde muss dort großzügig ausgetauscht werden.
- Bei großen tiefwurzelnden Exemplaren ist der komplette Bodentausch oft schwierig. In diesem Fall rät Brigitte dazu, die neue Rose mit Mykorrhiza zu unterstützen, einem Wurzelstimulator, der lebendige Pilzsporen enthält.

Von diesem romantischen Sitzplatz aus blickt man sowohl in den Garten als auch in die „geborgte Landschaft“ mit leuchtendem Mohnfeld

DER COTTAGE-GARTEN DER FAMILIE BRAND

Schon am Eingang zum Garten spürt man, mit wie viel Liebe und Leidenschaft das Refugium von Gabriele und Wilhelm Brand angelegt wurde.

Wilhelm hatte ursprünglich gar keine Lust auf Gartenarbeit. Als Gabriele mit ihm einen Offenen Garten besuchte, der beide sehr beeindruckte, war das der Beginn ihres gemeinsamen Herzensprojektes.
Wilhelm empfand die Bewegung im Garten bald als angenehmen Ausgleich zu seiner Schreibtischarbeit und im Laufe der Zeit entstanden viele verschiedene Gartenräume, jeder anders und überraschend.
Seit 22 Jahren pflanzen, gießen, schneiden und dekorieren die beiden nun Seite an Seite, seit Beginn des Ruhestands manchmal fünf Stunden täglich, um ihren Gästen eine üppige Blütenpracht zu präsentieren – denn in diesem Jahr haben sie sich selbst an der Offenen Gartenpforte beteiligt und zahlreiche Besucher kamen, um den Garten zu erkunden und zu bestaunen.
Dem Gärtnerpaar gehen die Ideen noch lange nicht aus: Im kommenden Jahr wird es keine Offene Gartenpforte geben, erzählt Wilhelm. Die Blumenwiese hinter dem malerischen Gartenzaun wird noch weiter gestaltet und neue Wege sollen angelegt werden. Da sei dann zu viel im Umbruch. Aber im übernächsten Jahr werden Gäste wieder herzlich willkommen sein.

Ein luftiger und schattiger Ort, wie gemacht für ein sommerliches Kaffeekränzchen: die als Schirme gezogenen Platanen breiten ihr Dach über der Sitzgruppe aus

GESTALTUNGSTIPPS AUS DEM COTTAGE-GARTEN BRAND

Wer einen schönen Ausblick hat und nicht unbedingt einen kompletten Sichtschutz braucht, lässt eine Öffnung im Zaun oder in der Hecke. So holt man sich einen Baum mit herrlicher Herbstfärbung, ein leuchtendes Rapsfeld oder einen Kirchturm in den Garten. Schöner als mit dem Rahmen in der Buchenhecke geht das kaum!

Gabriele und Wilhelm Brand liegt das naturnahe Gärtnern am Herzen, für das sie mit der Plakette „Natur im Garten" ausgezeichnet wurden. Dazu gehören unter anderem:

- Ein Teich und ein Bachlauf als Wasserstellen für Vögel, Insekten und andere Kleintiere
- Totholz im Garten: sogar das kann malerisch aussehen – wie die abgestorbene Kirsche, die von einer Kletterrose erobert wurde
- Ein Insektenhotel mit unterschiedlichen „Zimmerangeboten"
- Viele Nistkästen für verschiedene Vogelarten
- Eine Wildblumenwiese mit heimischen Blumen und einiges mehr

Links Origineller Ausblick: Durch den Bilderrahmen in der Hecke blickt man auf „geborgte Landschaft"

Rechte Seite

Oben Zierlauch tanzt durch die malerische Szene mit Staketenzaun und weißem Vogelhäuschen. Zwischen Zaun und Gartenhaus blühen üppige Rosen, Clematis und bunte Stauden

Unten Die abgestorbene Kirsche dient als Rankstütze für die Kletterrose und Lebensraum für Insekten

Linke Seite

Oben links Gekonnt wurde diese Sichtachse inszeniert: Duftende Rosen begleiten den Weg unter der Pergola und die Büste am Ende zieht den Blick des Betrachters magisch an und lädt ein, näherzukommen

Oben rechts Zwischen Bartnelken und Goldtröpfchen warten die Bleichglocken auf ihren nächsten Einsatz

Unten links Das Gartenhaus nach dem Vorbild viktorianischer Gewächshäuser in England haben die Brands von einem örtlichen Schreiner bauen lassen. Zwischen der Englischen Rose 'Gertrude Jekyll' mit ihrem bezaubernden Duft, Storchschnabel und Zierlauch können sie hier an kühlen Tagen geschützt ein Päuschen von der Gartenarbeit machen oder mit Freunden Kaffee trinken

Unten rechts Die auf kurzen, gemauerten Pfeilern schwebenden Metallfigürchen scheinen Richtung Mohnfeld zu schauen

Rechte Seite

Oben Der Seerosenteich ist eine beruhigende Oase für Gärtner und Gartenbewohner

Unten Auf einem Hügelbeet wachsen neben heimischem Klatschmohn auch Margeriten, Rittersporn, Ziersalbei und Frauenmantel. Wunderschön ist die „geborgte Aussicht" hinter dem Zaun – der Mohn auf dem Feld wird Teil des Gartenbildes

Oben Das gemauerte Gartenzimmer versprüht mediterranen Charme. Hier hätte die Dichterin auf dem Bild einen ruhigen Ort zum Schreiben gefunden

Rechts Geschwungene Wege, die hinter Sträuchern oder Hecken verschwinden, machen neugierig. Man möchte erkunden, wohin sie führen und wird so durch den Garten geleitet

Die hübsche Vogelvilla wird gleichsam von Pflanzen umhüllt und fügt sich harmonisch in den üppigen Garten ein

LENES LANDLUST

In einem abgelegenen kleinen Dorf im Sauerland begann Magdalene Fiebig zu gärtnern – nach dem Prinzip „Versuch und Irrtum". Nachdem die Kinder aus dem Haus waren und sie mehr Zeit hatte, begann sie, den Garten in ein kleines Paradies zu verwandeln.

Mit viel Liebe gestaltete sie auf 1250 qm verschiedene Gartenräume, legte Sitzplätze an und pflanzte Bäume. Rosen sind jedoch Lenes größte Leidenschaft und sie fühlen sich hier im Lehmboden wohl. Besonders historische Rosen haben es der Hobbygärtnerin angetan, zahlreiche Sorten finden sich überall im Garten. Den größten Teil der Gartenarbeit bewältigt sie allein. Nur beim Heckenschnitt und beim Roden großer Bäume, die schon mal der Wühlmaus zum Opfer fallen, nimmt sie die Hilfe ihres Mannes Klaus in Anspruch.

In den Kästen an der Vogelvilla nistet eine ganze Kolonie von Spatzen, die sich von uns nicht stören ließen und munter ein und aus flogen, um ihre Jungen zu versorgen

4 TIPPS AUS LENES GARTEN:

- Einheit im Garten tut dem Auge gut. Wie in der Mode wirkt es wohltuend, wenn Accessoires in gleichen Farben verwendet werden. Das weiß auch der Hase vor dem Gartenhaus, der passend zu den Petunien ein violettes Tuch gewählt hat.
- Natursteinmauern aus örtlichem Stein passen in die Umgebung und sparen Transportkosten und Energie. Diese Steine stammen aus dem nahegelegenen Wald eines Bekannten, der sie Lene schenkte.
- Die Dekoration sollte sich den Pflanzen unterordnen. In eine ländliche Umgebung passen Materialien wie rostiges Metall, Zink und Holz. Zum Haus der Familie Fiebig harmonieren Balken aus altem Fachwerk perfekt.
- Sitzplätze kann man nicht zu viele haben. Im Frühling und Herbst ist ein Sonnenplatz prima. In den heißen Sommern möchte man sich aber auch im Schatten entspannen können. Außerdem eröffnen Sitzgelegenheiten an verschiedenen Stellen immer neue Perspektiven auf den Garten. So hat man die Wahl, einmal Tee zwischen duftenden Rosen zu trinken und ein anderes Mal das Leben im Teich aus nächster Nähe zu beobachten.

Linke Seite

Oben Mutterkraut gedeiht bei Lene wunderbar. Sie hat verschiedene Sorten der langblühenden Staude mit den kamillenähnlichen Blüten, die zu vielen anderen Stauden passt und auch die Rosen umschmeichelt

Unten Eine grün überwucherte Steinmauer mit romantischem Blickfang

Rechte Seite

Oben links Farblich abgestimmte Deko-Elemente schaffen Harmonie

Oben rechts Geschwungene Kieswege schlängeln sich zwischen den Stauden hindurch und verschwinden im Hintergrund aus dem Blickfeld. Beim Schlendern durch dieses Beet begleitet uns das Plätschern in der Zinkwanne

Unten links Liebevolle Details am Gartenzaun

Unten rechts Blaue Skabiosen, Mutterkraut, Rittersporn und Katzenminze begleiten die beerenfarbene Rose. Im August wird das Perlkörbchen zu ihren Füßen blühen und das Beet mit seinen Samenständen noch bis zum Frühjahr zieren

DAS KLIMA IM SAUERLAND IST RAU. FÜR KALTE, EXPONIERTE STANDORTE EMPFIEHLT LENE:

- Wenig hohe Stauden (über 60 cm) pflanzen. Sie müssen aufgebunden werden, damit sie nicht bei kräftigem Wind umknicken.
- Robuste Pflanzen verwenden. Sie müssen mit den niedrigen winterlichen Temperaturen zurechtkommen. Eine Palme wird im Sauerland einfach nicht gedeihen.
- Wenn man sich in der Nachbarschaft umsieht, findet man Hinweise, was gut an diesem Standort wächst. Und mit etwas Glück bekommt man beim Plausch über den Gartenzaun ein paar Gartenschätze abgestochen.

Besonders kreativ ist der Zaun mit den Durchblicken und den unterschiedlichen Abschlüssen oben. Auch hier ranken Rosen hinauf

Links Der originelle Holzzaun bietet Durchblick und Ausblick auf die umgebende Landschaft

Unten Rostige Metallgitter mit blühenden Kletterpflanzen setzen vertikale Akzente

Links Das Gartenhaus hat Klaus Fiebig selbst gebaut. Die Fenster für die Wände dieses Schmuckstücks bekam Lene geschenkt und wurden von ihr in Handarbeit Stück für Stück aufgearbeitet

Unten Bepflanzte Container aus Metall zieren die Hauswand mit Fachwerk

PFLANZREGISTER

IMPRESSUM

CALLWEY1884

Die Originalausgabe erschien 2024 unter dem Titel *A new Cottage Garden* bei
© Pimpernel Press Limited 2024
45 Wendover Road
London NW10 4RX

Text and photographs
© Mark Bolton 2024

© 2024 Callwey GmbH
Klenzestraße 36
80469 München
buch@callwey.de
Tel.: +49 89 8905080-0
www.callwey.de

ISBN 978-3-7667-2714-5
2. Auflage 2024

Bibliografische Information der Deutschen Nationalbibliothek:
Die Deutsche Nationalbibliothek verzeichnet diese Publikation in der Deutschen Nationalbibliografie; detaillierte bibliografische Daten sind im Internet über dnb.d-nb.de abrufbar.

Hinweis:
Uns ist es ein Anliegen, dass sich alle Geschlechter wahrgenommen und wertgeschätzt fühlen. Im Sinne einer besseren Lesbarkeit der Texte verzichten wir jedoch auf die gleichzeitige Verwendung der Sprachformen männlich, weiblich und divers (m/w/d). Wo dies möglich ist, bemühen wir uns darum, alle Formen mit einzubeziehen, oder um neutrale Formulierungen. Sämtliche Personenbezeichnungen gelten gleichermaßen für alle Geschlechter.

Viel Freude mit diesem Buch wünschen Ihnen:
Projektleitung: Anna Seidel
Übersetzung aus dem Englischen:
Bianka Marjanovic
Lektorat und Schlusskorrektur:
Judith Marnet
Textautorin Erweiterung:
Susanna Cznottka (S. 190–211)
Layout und Satz der deutschen Ausgabe:
Daniela Petrini
Umschlagsillustration und Illustrationen:
Victoria Ball
Umschlaggestaltung: Stephanie Thurmair
Herstellung: Oliver Meier

Weitere Bilder
Susanna Cznottka, S.: 190–211
Heinfried Cznottka, S.: 196 (l.o.), 198 (o.), 211, 218/219, 220

Liebevoll begleitet von

Dieses Buch wurde in CALLWEY-QUALITÄT für Sie hergestellt:
Beim Inhaltspapier haben wir uns für ein MagnoMatt in 150 g/m² entschieden – ein matt gestrichenes Bilderdruckpapier. Die gestrichene, mattierte Oberfläche gibt dem Inhalt einen edlen und hochwertigen Charakter. Der Einband des Buches wurde durch partiellen UV-Lack veredelt.
Dieses Buch wurde in Deutschland gedruckt und gebunden bei optimal Media, Röbel/Müritz.